« RÉPONSES »

Collection dirigée par Joëlle de Gravelaine

STÉPHANIE BARRAT
JACQUES DE PANAFIEU

LE TRAC

Et comment apprivoiser le monstre

ÉDITIONS ROBERT LAFFONT
PARIS

ISBN 2-221-04462-2

AVANT-PROPOS

Parmi toutes les angoisses éprouvées par les hommes, la peur de parler en public est la pire de toutes.

Diminutif de « tracassin », avatar méridional et familier de « tracas », le mot « trac » a été repéré pour la première fois, sous sa forme écrite, dans une chanson éditée en 1836. Le terme entre donc dans sa cent cinquantième année, même si le phénomène existe depuis beaucoup plus longtemps.

Ces ravages se sont généralisés depuis que nous sommes entrés dans une ère de communication à tout va, où se succèdent prises de parole, colloques, spectacles et manifestations publiques, réunions de groupe, débats et tables rondes, sous le feu croisé des spotlights, des caméras et des micros.

Le trac frappe indistinctement tous les âges et tous les niveaux, depuis l'enfant qui franchit pour la première fois les portes de l'école maternelle, jusqu'au président de la République s'adressant à la nation tout entière.

Notre propos est de permettre à un large éventail du public de se reconnaître, de se consoler en constatant que le trac n'épargne personne, et, surtout, de découvrir les moyens d'apprivoiser le monstre. D'apprivoiser et non de détruire. Le trac a des aspects très positifs ; il incite au dépassement de soi-même ; il témoigne de l'importance que l'on attache tant à la communication qu'aux personnes auxquelles on s'adresse. Ce livre est destiné aux acteurs, animateurs, avocats, chanteurs, conférenciers, danseurs, écrivains, étudiants, hommes politiques, musiciens, peintres, présidents, prêtres, speakers et speakerines, sportifs, vedettes et vendeurs ; aux timides et aux amoureux ; bref, à tous ceux qui sont ou seront amenés à s'adresser à un public, fût-il composé d'une seule personne.

L'ouvrage a été composé à partir des interviews, témoignages et citations tant de « victimes anonymes » que de personnalités sujettes, elles aussi, au trac. Nous tenons ici à remercier particulièrement : Irène Andrieu, Manuel Barosso, Pierre Bellemare, Dorothy Burnet, Anne-Marie Chave, Jacques Chirac, Catherine Collard, Jeanne Coltin, Catherine Courtois, Yves Davrou, Gaston Defferre, Colette Errera, Yves Furet, Michel Giraud, Valéry Giscard d'Estaing, Agathe Godard, Francine Gomez, Françoise Jèze, Guy K'Danet, Nadine Laïk, François Léotard, Mme Malcolm, Claude Marti, Michel Meignant, Fernand Moszkowicz, Raphael Oleg, Bruno de Panafieu, Bernard Pivot, Monique Pivot, Claude Pompidou, Anne Pons, Pierre Richard, Maurice Rheims, Brigitte Simonetta, Pierre Solié, Georges Suffert, Angelo Tarlazzi, Véronique et Davina, Philippe Varache, qui ont accepté de s'entretenir avec nous, parfois longuement, et qui nous ont livré à cœur ouvert souvenirs, anecdotes, conseils et remèdes. Et les centaines de personnes, que nous ne pouvons toutes citer, qui ont rempli, avec d'autant plus de gentillesse que cette épreuve a parfois réveillé leurs angoisses, nos questionnaires sur le trac.

Merci, encore et surtout, à Dominique Levadoux, qui a pris sur ses vacances pour lire le manuscrit que ses remarques et suggestions ont enrichi.

L'ouvrage, en fait, était terminé avant même d'avoir été commencé : il est né d'un rêve de Stéphanie, qui l'a vu imprimé, broché, relié, empilé sur les tables des libraires et exposé dans leurs devantures.

Il était malheureusement écrit en allemand. Il a donc fallu le traduire pour le faire passer du rêve à la réalité.

Selon les indications reçues en songe, Stéphanie m'a demandé de le rédiger avec elle. C'est le fruit d'une collaboration intense, heureuse et harmonieuse. Sa gestation a duré neuf mois, ce qui nous semble de bon augure.

1.

LE VÉCU DU TRAC

« A la première présentation de la météo sur Antenne 2, j'ai cru que j'allais mourir. J'avais une peur panique, une peur à en mourir. Je n'arrivais plus à respirer, j'avais le cœur qui battait, j'avais chaud, j'avais froid.

« Ce soir-là, tout le monde a pu voir que j'avais le trac.

« Un an après, j'ai toujours le trac : les jambes qui tremblent, je transpire, j'ai mal à la tête, je suis prise de tremblements. Pas de voix, j'ai des difficultés à formuler les choses sur le ton que je voudrais. Et parfois, il sort des choses que je n'avais pas prévues. »

Brigitte Simonetta dresse ainsi en quelques phrases un tableau clinique des manifestations du trac lorsqu'il prend possession de ses victimes. Quelques témoignages en écho confirment les ravages exercés par le monstre, sur le mode familier, lyrique ou dramatique :

« Mon ventre devient dur et douloureux. Je bafouille. J'ai envie de faire pipi… Je tremble. J'ai froid. Mon visage rougit. (Séparément ou tout à la fois). »

« Je me liquéfie. Mes jambes ne portent plus mon corps. Ma tête est bouillonnante, absente. Les mots vont-ils sortir de ma bouche ? Je ne sais plus rien. Je suis nulle, je m'enfonce. »

« Une respiration thoracique empêchée jusqu'à la souffrance. Une très grande difficulté de concentration.

« Une indisponibilité quasi totale pour tout le reste (tout ce qui n'est pas moi et la cause du trac).

« Une agitation spectaculaire ponctuée de gémissements, etc. »

Ça prend un peu partout...

Le bouleversement est profond, tous les organes et toutes les fonctions perturbés, déréglés.

Le cœur d'abord, siège des émotions, s'emballe, palpite, bat plus fort et plus vite qu'à l'ordinaire. Parfois c'est comme si une main puissante le serrait.

La respiration devient difficile, courte, bloquée, oppressée. On oublie de respirer. L'asphyxie guette. Ou, au contraire, le souffle s'accélère, devient incontrôlable, et c'est la panique liée à l'hyperventilation, avec l'engourdissement puis la tétanisation des doigts et des mains. La gorge est serrée, nouée. L'angoisse y a pondu une grosse boule qui ne veut pas descendre. Elle risquerait d'ailleurs de rencontrer sa sœur, nichée au creux du plexus solaire.

La bouche et la langue complètement desséchées réclament silencieusement à boire. (Ce n'est pas par hasard qu'on trouve toujours une carafe d'eau sur la table des conférenciers.) Ainsi, Michel Galabru :

« L'ennui avec le trac, c'est que ça prend un peu partout. Il n'y a pas de zone privilégiée. D'abord, au début de ma brillante carrière, je n'avais plus de salive, ça s'accrochait, ça se collait, impossible de saliver. J'avais un trac extrêmement sec, c'est terrible. »

La température oscille entre les extrêmes. La fièvre cède la place à une impression de froid intérieur. Les pieds, les mains, la peau sont glacials, le corps brûlant.

La transpiration, les sueurs froides ou chaudes, les mains moites figurent parmi les manifestations les plus habituelles du trac. « Plus un poil de sec. » L'orateur anxieux s'éponge le front avec un mouchoir, s'essuie les mains sur son pantalon. Un homme politique, pourtant persuadé qu'il n'avait jamais le trac, s'aperçoit à l'issue d'une réunion électorale particulièrement houleuse que « sa ceinture du docteur Gibaud était bonne à essorer ».

« J'ai les mains moites et les pieds " poites ". »

La peur comme le trac ont une odeur. Les animaux y sont plus sensibles que les humains. Elle peut déclencher des réflexes d'attaque. Le dompteur pris de trac risque d'être dévoré.

« Si je rougis d'avoir peur, j'ai peur de rougir [1]. »

Le trac fait surface au niveau de l'épiderme, occasionnant rougeurs, picotements et démangeaisons, parfois même des éruptions cutanées. Un témoignage, apportant une touche plus plaisante à ce sombre tableau, fait état d'« une sensation corporelle de légères vibrations... ».

Une peur viscérale

Il s'enfonce dans les profondeurs des viscères, où il déclenche crampes, contractions, resserrements, nœuds, douleurs, gonflements et ballonnements. Une victime rapporte de façon imagée qu'elle sent « son ventre se tortiller ».

La comédienne Jeanne Coltin prétend qu'Otis-Pifre et Roux-Combaluzier font de la varappe dans son estomac.

D'autres, pour rendre compte plus précisément des sensations étranges qui les habitent, font appel à un bestiaire fabuleux :

« J'ai des papillons dans l'estomac. » (A noter qu'en anglais le terme familier pour « trac » est justement « butterflies », papillons.)

1. Paul Valéry, *Mauvaises Pensées et autres*.

« Une grosse araignée noire se promène dans mon ventre. »

« Je sens un crabe qui me grignote les entrailles. »

Des nausées se manifestent fréquemment, parfois suivies de vomissements. C'est ce qui arrivait, dit-on, à Jacques Brel avant d'entrer en scène. Comme à Isabelle Adjani lors de ses débuts :

« Je vomissais. J'avais l'impression d'être en dehors de mon corps. »

Une imprésario connaissait la même mésaventure, en coulisses, après le passage des artistes dont elle défendait la carrière. Un pianiste a dû, de ce fait, abandonner le rôle de soliste : il se vidait littéralement avant de monter sur l'estrade et toute son énergie l'abandonnait. L'envie de faire pipi, la diarrhée sont des manifestations courantes. Une jeune comédienne décrit l'affolement dans les coulisses avant la représentation :

« C'est la queue devant les toilettes. Mais c'est trop tard : le rideau se lève ! »

Un vieux Valaisan se souvient d'un gala, à Berne, avant-guerre, dont Charles Trénet était la vedette. Au moment du lever de rideau, le chanteur avait disparu. On le cherche partout. On le retrouve enfin dans les toilettes, où, pris de trac, il s'était enfermé. Il fallut toutes les ruses du monde pour l'en faire sortir.

Le contrôle des sphincters, rude acquisition de nos premières années, se relâche sous l'effet de la tension et par une régression enfantine, et connaît parfois des défaillances pénibles.

Diane Canon, chanteuse et comédienne américaine, passe en direct à la télévision, après Ella Fitzgerald, pour lancer son nouveau disque. Son tour de chant comporte une partie dansée. Elle étrenne pour l'occasion une merveilleuse robe longue à volants. Hélas elle s'y oublie au moment fatidique.

Pour éviter de montrer la tache disgracieuse, les cameramen doivent se contenter de la prendre en plan américain.

Dans le domaine du « trac amoureux », la rencontre avec une femme trop désirée, l'importance de l'enjeu déclenchent les mécanismes frustrants de l'éjaculation précoce.

Crainte et tremblements

Outre ces dérèglements du système neurovégétatif, le trac perturbe la motricité, l'équilibre et la perception. On retrouve ici encore l'exaspération des polarités, les alternances d'accélération et de ralentissement, la dysharmonie fonctionnelle.

C'est tantôt la faiblesse qui confine à l'impuissance, les jambes en coton, flageolantes, qui ne supportent plus le poids du corps, les mains tremblantes, les doigts gourds, les bras paralysés, et, plus généralement, des sensations de gaucherie, des pertes d'équilibre, des vertiges.

« Un soir, sur scène, le trou noir : plus de mémoire, un corps devenu de bois, mais des gestes convulsifs de la tête et des bras. »

« Au violon, le trac m'a pris vers vingt-cinq ans. Chaque fois que j'allais jouer, je me mettais à trembler. Je ne pouvais presque plus tenir l'archet. Le tremblement est la manifestation du trac la plus courante chez les violonistes. C'est quelque chose d'épouvantable. »

Tantôt l'agitation fébrile. On ne tient plus en place. Une interprète de conférences, bien placée pour constater les effets du trac, décrit ainsi ses manifestations au niveau moteur :

« Le trac des orateurs est parfaitement " audible " : ils tapent nerveusement sur la table, tapotent le micro, remuent sans cesse leurs papiers. Ils ne se contrôlent plus physiquement : ils se grattent le nez, la tête, s'essuient les mains, écartent leur chaise pour la rapprocher aussitôt, se soulèvent de quelques centimètres, croisent les jambes pour les déplier quelques secondes après. Que de gestes inutiles ! »

En mai 68, Pierre Desgraupes demande à Michel Meignant de participer au journal télévisé de vingt heures, pour traiter des problèmes médicaux :

« Cinq minutes avant l'heure, nous sommes tous assis à la table, Desgraupes, Mougeotte, tous les autres journalistes. Soudain un léger bruit, la table s'agite. C'est Pierre Desgraupes qui tremblait. Je me suis senti très mal. »

Un cadre commercial, qui s'ennuie souvent dans les réunions, se distrait en repérant à l'avance les participants qui vont prendre la parole au cours du débat :

« Au lieu d'écouter ce qui se dit, ils manipulent leurs dossiers, grillent cigarette sur cigarette. Bref, ils n'arrêtent pas de s'agiter bêtement. »

Lors d'un grand gala au Québec, la chanteuse Eva se produit devant quatre mille spectateurs. Elle en est déjà à la troisième chanson de son récital, mais l'ourlet tremblant de sa robe signale à ses proches qu'elle n'a pas encore réussi à maîtriser son trac. Dans un bel élan pour s'en libérer, portée par un couplet particulièrement intense, elle franchit le bord de la scène et se retrouve assise sur les genoux d'un spectateur du premier rang.

Tel conférencier se prend les pieds dans la nappe en regagnant sa place, se rattrape en s'agrippant au micro. Un autre, tremblant et assoiffé, verse l'eau à côté de son verre, éponge la flaque avec sa cravate...

Mais, dans la majorité des cas, *le trac fige et paralyse*. Ses victimes se plaignent d'être contractées de partout, pétrifiées dans leurs traces, incapables de bouger. Bref : « Tout se bloque et va de travers. »

Cette paralysie entraîne des courbatures, des tensions au

plexus, des douleurs thoraciques et dans la nuque, des migraines, des maux de tête, des crispations.

Perceptions altérées

« J'ai le visage tellement contracté qu'il en devient douloureux, si figé qu'il m'est impossible de sourire. »

Le trac altère notre perception ordinaire de l'environnement. En nous figeant au plus près de nous-même, il restreint notre champ spatio-temporel, partant, nos capacités d'action.

La vision se trouble et perd en acuité. Le champ visuel se rétrécit. Les cadres de référence habituels s'estompent et s'évanouissent.

« C'était la première fois que je montais sur une scène de théâtre et c'était atroce : je ne sentais plus le sol sous mes pieds, je ne réalisais plus les distances. Quand le rideau s'est levé, j'ai même failli tomber dans la salle. » (Isabelle Adjani.)

Une jeune chanteuse, à sa première apparition sur scène, est prise d'une telle panique qu'elle commence son tour de chant le dos tourné au public. Certains souffrent de troubles de l'audition, de bourdonnements d'oreilles, perçoivent les sons lointains et étouffés.

Le temps devient élastique. Son cours ralentit ou s'accélère de façon inexplicable. Tous les repères ont disparu : un conférencier termine en cinq minutes un exposé qui devait en durer le triple ; un autre, une fois franchie la barrière initiale du trac, ne peut plus s'arrêter.

Il arrive, à l'inverse, que le trac développe une hypersensibilité. Dans une situation périlleuse il importe, pour survivre, de percevoir et d'enregistrer les moindres signaux de danger :

« Quand on a le trac, on perçoit tout ; on est en “ hyper-perception ''. On reçoit ou on perçoit les ondes négatives ou positives qui vous sont envoyées. Une onde positive vous fait du bien ; une onde négative vous fout en l'air. »

Rêves et cauchemars

Le sommeil est également perturbé. On ne dort bien ni avant, ni après l'épreuve :

« Je dors de moins en moins les nuits qui précèdent un match important. Plus ça va, moins je dors. » (Jean-Pierre Rives.)

« Après chaque émission de télévision, je suis incapable de m'endormir. Puis je rêve : comme si la mémoire devait tout restituer dans le sommeil. » (Georges Suffert.)

Les scénarios du trac nourrissent la symbolique des rêves et des cauchemars. On se retrouve sans pantalon sur l'estrade, muet devant un examinateur sadique, obligé de faire un discours impromptu. Une animatrice de formation se voit devant son tableau noir dessinant et commentant de façon particulièrement brillante les schémas essentiels de la théorie de la communication. Elle se retourne, la salle est vide. Tous les participants ont déguerpi silencieusement.

Un jeune comédien raconte un cauchemar à répétition :

« J'arrive dans un endroit. On me met un chapeau, des gants, on me donne une canne. J'attends, sans voir personne, pendant quinze/vingt minutes. J'ouvre une porte et me retrouve sur scène sans savoir qu'il y avait une pièce à jouer, ignorant tout, avec des gens qui me lancent la réplique et qui me disent : '' Souviens-toi, nous t'avions contacté il y a quelques mois. Tu étais d'accord. '' C'est vrai, on m'avait effectivement contacté. Mais pour jouer quelle pièce ? Tout à coup un déclic : c'était une pièce ringarde ; j'avais refusé de la jouer. Maintenant j'y suis obligé. Je n'aime pas la pièce, je sais qu'elle est mauvaise et que je ne peux être que mauvais là-dedans, mais on continue... Sur ce je me réveille. »

Une comédienne rêve qu'elle n'arrive pas à trouver l'entrée de la scène du Palais de Chaillot. Elle se perd dans un dédale de couloirs sinistres, ouvre des portes qui débouchent sur d'autres couloirs, qui finissent par la ramener à l'extérieur. Elle recommence, s'enfonce dans des sous-sols de plus en plus profonds. Et, chaque fois, elle se retrouve dehors.

Les cauchemars s'évadent parfois des royaumes de la nuit pour faire irruption au grand jour, comme le démontre ce récit de trac qui ne veut pas dire son nom. L'inconscient a plus d'un tour dans son sac :

« Quand, pour la première fois, le président de ma société m'a proposé de mener une réunion commerciale, j'ai accepté la mission avec autant de plaisir que de fierté. La veille de l'intervention, alors que je me sentais parfaitement bien, je suis prise de nausées et je fais des poussées de fièvre jusqu'à quarante degrés. Cela a duré toute la nuit. Je grelotte, je vomis, je me sens malade, malade. Je tiens quand même la réunion, passant un long moment dans les toilettes avant d'entrer dans la salle de conférence. La réunion se passe fort bien. Je me sens en pleine forme. Mais comme j'avais dit que j'étais souffrante, je rentre chez moi vérifier ma température : trente-sept, alors que je m'attendais à avoir toujours quarante. Après le succès de cette première réunion, je suis amenée à en conduire bien d'autres. Les mêmes phénomènes se produisent, en s'atténuant progressivement.

« J'ai compris alors que ces réactions physiologiques bizarres étaient déclenchées par les réunions. Auparavant je m'étonnais simplement d'être malade, alors que cela ne m'arrive jamais. Ces sensations d'angoisse et d'étouffement me prenaient avant chaque réunion importante, quel que soit le nombre des participants. Je ne savais pas à l'époque que c'était ça, le trac.

« Par la suite mon trac s'est intériorisé, sans perdre de sa virulence. Je pensais : " Je ne vais pas maîtriser mes mouvements et quand je prendrai la parole mes lèvres vont trembler, les mots ne vont pas sortir de ma bouche. " »

J'ai perdu la voix

Comme le savent bien tous les traqueurs, c'est sur la parole et la voix que le trac exerce ses actions les plus pernicieuses : Edwin Moses en a fait la démonstration pour quelque cent mille spectateurs, et plusieurs centaines de millions de téléspectateurs lors de la cérémonie d'ouverture des jeux Olympiques de Los Angeles : bouleversé par le trac et l'émotion, il dut s'y reprendre à trois fois pour prononcer, de mémoire, le texte du serment olympique.

Un délégué à l'O.N.U. doit présenter un simple rapport d'activité devant une commission restreinte. Il ouvre la bouche, aucun son ne sort. Cela dure un bon moment. Il arrive enfin à murmurer, tout juste : « Excusez-moi, je ne peux pas parler. » Et il se rassied.

J'animais une journée de sensibilisation aux thérapies psycho-corporelles pour un groupe d'élèves infirmières. Je leur propose un exercice classique : chacune d'entre elles, à tour de rôle, lorsqu'elle se sent prête à le faire, doit avancer au milieu du cercle et dire son nom à haute voix. J'ai dû arrêter l'expérience au bout d'une vingtaine de minutes : aucune n'avait osé franchir le pas. Cette épreuve, facile en apparence, fait jouer en réalité les ressorts les plus profonds du trac. Se découvrir, se manifester par la parole devant les autres, c'est s'assumer complètement, et cela fait peur.

La voix est l'indicateur le plus sensible et le plus fidèle de l'état émotionnel de la personne :

« La voix vous trahit : elle livre tout de vous. »

Quand la respiration est bloquée, la gorge nouée, la bouche desséchée par le trac, les paroles passent difficilement :

« Je n'arrive plus à sortir un son. J'ai perdu la voix. »

D'autres s'enrouent, se grattent la gorge, toussent, marmonnent, bégayent, bafouillent :

« Dans les deux minutes qui précèdent l'émission, quand la publicité passe, j'ai une petite angoisse. Lorsque je me vois sur le petit écran, signe que je dois démarrer, je manque d'air. J'ai un creux, une petite boule au plexus, et il m'arrive de bafouiller pendant les deux premières phrases. Après, c'est fini, et je me sens très à l'aise. » (Bernard Pivot.)

Si parler en public déclenche parfois le bégaiement chez des personnes qui ne sont pas affligées de cette infirmité dans la vie courante, certains bègues s'en débarrassent mystérieusement lorsqu'ils ont à s'exprimer devant un groupe dans une fonction officielle.

Pour son concours au Conservatoire, une jeune cantatrice choisit un morceau à la ligne mélodique simple et calme. Elle échoue. Le trac a fait trembler sa voix. Elle aurait été certainement plus à l'aise en interprétant un morceau très enlevé. La tension inhérente au trac lui aurait même peut-être facilité la tâche. Il est plus facile d'aller vite que lentement.

Le maître de karaté Kenji Tokitsu fait répéter à ses élèves les enchaînements de mouvements (katas) à une allure d'escargot. Il justifie sa méthode par la comparaison suivante : « Si vous peignez une bande de caoutchouc détendue, au moment où vous l'étirerez, la peinture ne couvrira plus qu'une partie de la surface. Si, par contre, vous peignez la bande dans son état de tension maximale, lorsque vous la relâcherez, la “ densité ” de la peinture sera parfaite en tout point. »

Le trac sème des « euh » et des « n'est-ce pas » au détour de chaque phrase. Les tics verbaux fleurissent, ainsi que les répétitions. Le vocabulaire se restreint :

« Je m'aperçois que je répète toujours les mêmes mots. »

Cela va souvent de pair avec un ralentissement du débit :

« Lecture de l'Epître le jour de la communion solennelle dans la plus grande église de la ville : ma bouche articule lentement les paroles sacrées, avec à peine un trémolo de temps en temps, pendant que mes jambes vibrent ! »

« J'ai eu le trac avant ma première émission, mais il a disparu dès que j'ai pris la parole. Il a pourtant laissé des traces ; j'ai parlé beaucoup plus lentement que d'habitude. »

Si ce n'est une accélération :

« A mon entrée sur scène j'étais paralysée, puis j'ai accéléré, accéléré, à tel point que mes camarades avaient du mal à suivre. »

« Face à un public je parle de plus en plus vite, alors qu'en petit comité, j'ai du mal à trouver mes mots. »

« Beaucoup d'orateurs compensent leur trac par un débit accéléré. Surtout les femmes. Ils ne se rendent pas compte que cela rend les choses beaucoup plus difficiles pour les interprètes. »

Cela débouche parfois sur une véritable logorrhée :

« Plus j'ai le trac et plus je parle. »

« J'étais si excitée que j'aurais pu parler devant le groupe pendant des heures. »

« Un auteur, tellement mort de trac avant l'émission que je pensais qu'il n'arriverait pas à sortir un mot, a vaincu son angoisse en monopolisant la parole. Il a trouvé le salut dans la fuite en avant. » (Bernard Pivot.)

Le trou de mémoire

Si la langue fourche, si la parole s'emballe ou s'éteint, la faute en revient bien sûr à la tête, la pauvre tête, vide, ou, ce qui ne vaut guère mieux, pleine de brouillard ou de coton.

La véritable hantise, c'est le trou de mémoire, ce gouffre qui risque d'engloutir les ambitions les plus légitimes :

« Le trac est fait en grande partie de la crainte du trou de mémoire, qui est une chose terrible, surtout quand on est seul en scène. Et maintenant il n'y a plus de souffleur. » (Pierre Dux[1].)

« Tout d'un coup, au détour d'une phrase, le trou de mémoire. Bloqué. Je ne m'y attendais pas, je savais parfaitement mon texte. Je devais dire " Pourquoi pas ? ", mais les mots ne sont pas venus. Les gestes, eux, ont continué (j'ai plutôt une mémoire du corps qu'une mémoire de l'esprit). J'ai tiré sur mon bras comme s'il allait me sortir le mot ! » (Pierre Richard.)

« Ce qui me fait peur dans le trac, c'est que je ne trouve plus mes mots. C'est le vide. Je ne sais plus qui est mon père, qui est ma mère ! Je n'ai plus de mémoire et plus rien ne vient. Je ne sais même plus de quoi je parle, c'est atroce. »

« Les noms m'échappent. Je croyais que c'était le début du gâtisme. Non, c'est le trac. » (Maurice Rheims.)

Un traqueur philosophe conclut :

« Le trac, c'est le moment où la mémoire retrouve l'inutile et oublie l'essentiel. »

« *Je déraisonne* »

Après les défaillances de la mémoire, celles du bon sens, de la logique, de la raison :

« J'éprouve la plus grande difficulté à construire mes phrases. »

« Au journal T.V. on a peur de dire une bêtise, de faire un lapsus, d'être incapable de dire une chose simple, de se prendre les pieds dans les phrases. »

1. *L'Express*, 23 novembre 1984.

La mécanique intellectuelle se détraque :

« Ayant préparé mon intervention sous le coup du trac, j'ai dit exactement ce que je voulais surtout éviter de dire. »

Le général Nasser donne une conférence de presse. Une jeune journaliste, au moment de se présenter en indiquant le titre du journal pour lequel elle travaille, s'entend prononcer : « Claude Nasser, du général *Paris-Match.* » La même doit être présentée au général de Gaulle lors de son passage à Athènes, à l'occasion d'une réception offerte par les souverains. Elle apprend et répète la révérence protocolaire qu'elle doit exécuter devant le roi et la reine. Le moment venu, elle est si émue qu'elle fait également la révérence au général, qui lui murmure à l'oreille : « Voyons, mademoiselle, pas de cela avec moi... »

Un comédien, jouant le rôle d'un valet de chambre, doit annoncer à la maîtresse de maison :

« Il y a un monsieur d'environ quarante ans qui attend dans l'antichambre. »

Sous l'effet du trac, la réplique se transforme en :

« Il y a environ quarante ans qu'un monsieur attend dans l'antichambre. »

Jeanne Coltin, sociétaire de la Comédie-Française, doit faire son entrée dans *Les Femmes savantes*, avec la réplique :

« Quoi, je vous vois, friponne, vite, sortez, maraude. »

A la première, l'alexandrin se transforme en :

« Quoi, je vous vois, ma fripe, vite, sortez, miraude. »

La raison vacille, et avec elle les assises de la personnalité :

« J'ai un souvenir horrible d'une conférence que j'ai dû improviser, en remplacement de mon chef de service, devant les inspecteurs de l'Education nationale. Impression de *dédoublement de la personnalité*, de stupidité absolue. Je me raccrochais à mes notes tout en ayant le sentiment qu'elles traitaient d'un sujet totalement différent de ce dont il était question. »

Ainsi s'expriment les victimes du trac lorsqu'elles ont recouvré la parole. Avec fatalisme, avec humilité, avec humour.

Une consolation, légère, pour les orateurs : les auditeurs, eux aussi, connaissent le trac :

« J'étais incapable d'intervenir pour poser la question qui me brûlait la langue... »

Une expérience bouleversante

Comme les anciens combattants, les traqueurs ont parfois tendance à dramatiser (à enjoliver ?) leurs épreuves et leurs exploits. L'élan, la vivacité, l'allégresse des expériences relatées. Reconnaissons nous-mêmes que, pour l'intérêt du récit, pour émouvoir et passionner le lecteur, nous avons parfois succombé au même travers, en privilégiant les extrêmes...

Il n'empêche que pour certains le trac est une expérience bouleversante qui met en péril la structure même de la personne. Surgissent alors des fantasmes de perte de contrôle, de conscience et d'identité, de déstructuration et de disparition du moi (qui remontent probablement aux époques archaïques de la prime enfance, de la naissance, voire de la vie intra-utérine) :

« Parfois l'impression d'être deux : une parlant, l'autre agissant. »

« C'est une rupture dans la " constance " de notre être, une désorganisation de toutes nos facultés. L'émotionnel nous envahit, créant ainsi la rupture avec nous-même et les autres. En fait plus rien n'est à sa place. Le trac est mon " compagnon " depuis l'adolescence, un compagnon encombrant et destructeur, ou plutôt déstructurant.

« Parfois j'ai l'impression que toute ma vie est trac, une succession de petits et grands tracs. A peine une situation est-elle devenue supportable, familière, une nouvelle, inquiétante, pointe à l'horizon. La détente n'est jamais possible. Il y a même souvent plusieurs situations de trac simultanées. Il faut arriver à faire face à toutes. Trac et peur sont la même chose pour moi. J'ai toujours peur de quelque chose, donc j'ai toujours un fond de trac en moi, donc je ne trouve pas la paix. Paradoxalement, mes peurs, mes tracs, me poussent à entreprendre... mais à quel prix ! »

« En répondant à ce questionnaire, je m'aperçois que je vis dans un trac quasiment continuel. Avec des pointes, et, heureusement, des rémissions. »

L'expérience est décrite en termes d'éclatement :

« Mon corps éclate. Les morceaux ne m'appartiennent plus. Mes mains me sont devenues étrangères. »

C'est tantôt une *dissolution*, par submersion, envahissement, liquéfaction :

« Une sorte de léthargie, d'amnésie, une tentative pour ne pas être là, sans quitter l'endroit où je suis. »

« Le trac me submerge, le sol s'enfonce sous mes pas. »

« La panique entre dans ma tête. C'est comme une vague, une barre qui vient de loin, qui m'envahit, qui m'entraîne dans un tourbillon. »

« Je me liquéfie. »

« Le vide, le vide, le vide, j'en suis malade. »

« Le trac est comme une sangsue : il vous vide complètement. »

Avec la peur de s'évanouir ou de mourir.

Personne n'est encore mort de trac à notre connaissance, mais l'évanouissement est possible :

« J'ai vu un orateur s'évanouir de trac lors d'un grand congrès scientifique. C'était la première fois qu'il parlait en public. Il est monté à la tribune et s'est effondré aussitôt. On l'a emmené sur une civière. »

« Un jour je suis tombée dans les pommes de trac. C'était en Bulgarie. J'étais tellement mal, j'avais de terribles battements de cœur — et juste avant d'entrer en scène : paf ! on m'a ramassée. Dix minutes après j'ai joué. J'étais très jeune, je me sentais très seule là-bas. J'avais le trac quoi ! C'était un festival important. De jeunes solistes venaient du monde entier — j'étais la seule Française et je me sentais investie d'une énorme responsabilité. Tout cela a joué.

« J'ai aussi vu un jeune pianiste s'évanouir de trac en plein concert. Ce qui a été le plus terrible après pour lui, c'était de remonter sur scène. Ça vous traumatise un maximum. Je n'aurais pas aimé que ça m'arrive. J'en aurais eu pour dix ans ! »

Par le biais du trac nous abordons les régions où se forgent les grands mythes de la vie, de la mort, de la création et de l'émergence de l'homme dans sa solitude :

« On se sent lâché, trahi, largué. C'est l'expérience de la solitude la plus totale, la plus terrible. L'expérience la plus dure, la plus cruelle. L'essence même de la solitude. »

Le trac est un malaise métaphysique.

L'univers bascule

Respiration, circulation, système neurovégétatif, digestion, locomotion, équilibre, vision, audition, locution, mémoire, raisonnement, le trac perturbe toutes nos fonctions. Les dérèglements qu'il entraîne renvoient à une problématique du fixe et du mouvant, mieux, du « figé » et du « coulant ». La parole est figée, mais la sueur coule ; le cœur bat la chamade et l'esprit s'immobilise ; la respiration s'étouffe tandis que l'organisme est secoué de tremblements ; vomissements et diarrhée d'un côté, blocages et tensions de l'autre ; la tête se vide et les émotions envahissent le corps.

Lâche ce qui devrait tenir, et tient ce qui devrait lâcher. Le mouvement, la fluidité naturelle du geste et du discours sont sans cesse accélérés ou entravés. Les points de repère familiers disparaissent, et avec eux la sécurité ontologique. L'univers bascule. Les éléments, brisant l'ordre qui leur est dévolu, renient leur nature propre et sèment la confusion.

La terre, refuge stable et tranquille, largue les amarres, tremble, pivote, se dérobe sous nos pas. Vertige.

L'eau quitte ses cavités naturelles, ruisselle à la surface, s'évapore en sueur. Dissolution.

Le feu quitte son foyer, le cœur, émigre vers la périphérie et les extrémités, qui brûlent et qui rougissent, puis bascule en son contraire et le froid pétrifie les membres. Fièvre et paralysie.

L'air nourricier, le souffle vital, véhicule de la parole et de la communication entre les êtres, s'étrangle dans la gorge, se refuse aux poumons, sort de la bouche en propos étouffés ou bégayants. Angoisse.

Les physiologistes invoqueront à juste titre les interactions anarchiques entre le sympathique et le parasympathique, les perturbations du système autonome, la vasodilatation, l'afflux d'adrénaline, les effets des hormones du stress, l'inhibition d'action.

Au niveau du vécu, c'est le corps émotionnel qui s'exprime et qui se manifeste, avec ses flux, ses reflux, ses violences et ses pâmoisons. Ce langage paroxystique du corps, court-circuitant et déjouant la raison et la volonté, ces instances rassurantes, peut rappeler les manifestations de l'hystérie. Mais alors que dans l'hystérie le corps s'emballe jusqu'à la crise, se nourrissant de sa propre démesure, dans le cas du trac il retourne ses forces contre lui-même. L'accélérateur et le frein fonctionnent simultanément, provoquant tension et blocage.

C'est Vénus, tout entière

La lecture des témoignages des victimes du trac conduit à une constatation curieuse : les termes, les expressions, les images utilisés, parfois les tournures de phrases, rappellent souvent le langage de la poésie amoureuse :

Je vis, je meurs, je me brule et me noye
j'ai chaut estrème en endurant froidure
la vie m'est et trop molle et trop dure
j'ai grans ennuis entremeslez de joye

Tout à un coup je ris et je larmoye
et en plaisir maint grief tourment j'endure
Mon bien s'en va et à jamais il dure
tout en un coup je seiche et je verdoye (...)

Louise Labbé.

Ou de la tragédie classique :

Je le vis, je rougis, je pâlis à sa vue ;
Un trouble s'éleva dans mon âme éperdue ;
Mes yeux ne voyaient plus, je ne pouvais parler ;
Je sentis tout mon corps et transir et brûler :
Je reconnus Vénus et ses feux redoutables (...)

L'émoi de la Phèdre de Racine trouve comme un écho dans les lamentations des traqueurs.

Faut-il lire :

C'est Vénus tout entière à sa proie attachée.

Ou :

C'est le trac tout entier à sa proie attachée ?

Vénus aurait-elle des accointances avec le trac ? Nous en reparlerons.

Post-scriptum

Les victimes les plus à plaindre sont celles qui ignorent la malédiction secrète que le trac fait peser sur elles. Modelées par le trac dès leur plus jeune âge, elles ont perdu conscience de son emprise permanente. La peur de rencontrer le trac, un trac au second degré en quelque sorte, leur interdit non seulement d'affronter, mais d'imaginer simplement les situations où elles risquent d'avoir affaire à lui. Mais en évitant les risques on se prive de toute possibilité de progrès. L'homme se développe au contact des autres, et en se manifestant. La peur inconsciente du trac est une terrible limitation. On s'endort dans la routine, dans la monotonie d'une vie étouffée, sans danger mais sans espoir.

Les « hommes forts » appartiennent à une catégorie voisine, même si elle apparaît diamétralement opposée. Ils affirment souvent ne pas connaître le trac. Comme les larmes, c'est bon pour les femmes, ou les femmelettes. Sous leur façade d'autorité, ils cachent en réalité une peur panique des émotions, c'est-à-dire de la vie.

Ils ne sont pas au-delà, mais en deçà du trac.

2.

LE TRAC, EN QUELLES CIRCONSTANCES ?

Au commencement était la chair, mais la chair s'est fait verbe, et c'est là que tous les ennuis commencent.

Dans la quasi-totalité des témoignages recueillis, le fait de parler, et de parler en public, apparaît comme la circonstance la plus propice au développement du trac. Parler, puis se montrer, se manifester devant les autres.

La rencontre avec l'autre au deuxième rang des situations favorables (ou défavorables...).

Deux conditions donc, indissolublement liées : la manifestation de soi et la présence de l'autre.

Guy Bedos, reprenant à son compte les résultats d'un sondage américain, exprime l'angoisse fondamentale des traqueurs :

« Parmi toutes les angoisses éprouvées par les hommes, la peur de parler en public est la pire de toutes. »

Et il ajoute, en connaisseur :

« Le pire c'est d'être ridicule sur scène, d'être humilié devant tout le monde[1] . »

Steven Spielberg confirme :

« Ma plus grande peur, c'est de parler en public. La peur

1. *Psychologies*, janvier 1984.

des insectes vient seulement au deuxième rang de mes frayeurs. Je me souviens, pendant une conférence que je donnais à des étudiants en droit américains, avoir d'un seul coup tout oublié de ma langue natale, l'anglais. J'ai commencé à essayer de penser en français. Cela n'a duré qu'une minute ou deux, mais c'était terrifiant [1]. »

Dans la petite enfance, c'est au cœur du cercle familial que le trac portera souvent ses premières attaques. Puis à l'école, où il faudra répondre et parler devant la classe.

On demande à Françoise Hardy pourquoi elle ne monte jamais sur scène :

« Lorsque j'étais petite et que l'on m'interrogeait en classe, j'étais très malheureuse. Je ne supportais pas de sentir des regards braqués sur moi. Aujourd'hui, j'éprouve toujours la même sensation. Cela m'est très pénible et m'enlève tous mes moyens. »

Les occasions se multiplieront par la suite : discussions dans un groupe d'amis, réunions professionnelles ou paraprofessionnelles, exposés, cours, conférences, discours et interventions en tout genre.

Le trac augmente, ou diminue, en fonction des circonstances.

L'importance du public ne semble pas un facteur déterminant dans un sens ou dans l'autre :

« J'ai plus le trac devant trois mille personnes que devant un petit groupe, déclare un interprète de conférences. Avec un petit groupe on peut établir un contact, pas avec trois mille personnes. »

Alors que pour Véronique et Davina, évoquant une émission enregistrée dans le grand amphithéâtre de Nîmes :

« On a moins le trac devant trois mille personnes. »

La *qualité* du public devant lequel on s'exprime joue

1. *Voir*, 6 septembre 1984.

davantage que la quantité. Le trac augmente devant « un public savant et critique », « des intellectuels », « lors d'un congrès important où je suis en représentation devant un public inconnu ».

Le trac sévit à l'Assemblée nationale, lorsqu'il s'agit de prendre la parole devant les représentants du peuple :

« J'ai eu le trac toute ma vie, je l'ai encore, quand je dois prendre la parole à l'Assemblée, moins comme ministre d'ailleurs que comme député. Il est plus facile de répondre aux questions que de faire un discours. La seule fois où, paradoxalement, je n'ai pas eu le trac, c'est en 1944, à l'Assemblée consultative. Le groupe socialiste m'avait demandé de prendre la parole dans le débat sur la Constitution provisoire. Je monte à la tribune. A peine avais-je commencé que le général de Gaulle m'interrompt. Pendant vingt minutes, il y a eu un échange entre nous.

« Quoique je l'aie connu pendant la guerre, il n'en était pas moins impressionnant.

« Cela a été mon seul véritable succès parlementaire. Il est vrai que je préfère les débats aux discours. En descendant de la tribune, je marchais sur des nuages, c'était fantastique. Je me disais : “ La vie politique, c'est facile. ” J'ai reçu beaucoup de félicitations. Un peu plus tard, au moment de l'explication de vote, Vincent Auriol, orateur consommé, était tout pâle. Je lui ai demandé : “ Qu'avez-vous ? ” Il m'a répondu : “ Le trac, et, vous l'apprendrez, jeune homme, le trac, on l'a toute sa vie. C'est vrai, je l'ai toujours eu. ” » (Gaston Defferre.)

Une jeune comédienne a plus le trac devant le metteur en scène, dont le regard aigu perçoit le moindre écart par rapport aux instructions, que devant le public, qui ignore, lui, ce qui était prévu.

L'âge et l'expérience ne font rien à l'affaire. Maurice Rheims avoue avec une simplicité touchante :

« J'ai encore le trac quand je prends la parole devant mes confrères à l'Académie (pas devant ceux que j'aime et que je respecte, mais devant ceux qui ne m'aiment pas, que je sens hostiles et critiques.) Alors, j'ai du mal à construire mes phrases. J'ai de l'émotion. Je ressens des impressions enfantines. »

La situation se révèle souvent plus redoutable pour les femmes, en milieu professionnel :

« Dans le genre de trac affreux : au début de ma carrière, à la première réunion, il n'y avait que des hommes. Ils devaient parler d'aciers spéciaux. Quand ils ont vu que leur interprète était une petite bonne femme d'un mètre cinquante-trois, ils ont eu le trac. Moi aussi. Je savais que je disposais de dix minutes pour les convaincre que, malgré les apparences, j'étais une bonne professionnelle. Ce n'était pas drôle... »

« A une réunion très importante et très difficile, j'étais la seule femme au milieu d'une dizaine d'hommes. Le président dit : " Françoise va nous servir des boissons. " J'y vais. J'ouvre la porte, le plateau à la main, et voilà que tous les verres se mettent à trembler. Je ne pouvais plus bouger. J'ai dû m'agripper à un fauteuil. J'ai posé le plateau comme j'ai pu, et je n'ai plus bougé. J'étais aussi littéralement desséchée par la soif. J'avais tellement soif que je ne pouvais plus parler. Mon président s'est rendu compte qu'il se passait quelque chose. Il m'a mis dans la main un verre de jus d'orange, mais j'ai été incapable de lever le bras pour porter le verre à mes lèvres. Et pourtant, je mourais de soif. »

Parler dans une langue étrangère peut aggraver la situation :

« Quand j'ai dû faire un discours en anglais, langue que je maîtrise mal, mon papier tremblait si fort que je n'arrivais plus à lire. »

Pour d'autres, c'est au contraire un facteur de libération :

on ose davantage sorti du contexte habituel. Le trac amoureux risque moins de se manifester entre personnes de langues différentes : frayant sa voie à travers les obstacles, le désir, de communiquer, balaye les préoccupations d'image.

Lorsque la réalité fait irruption dans le champ du spectacle, lorsque deux univers se télescopent, il devient parfois difficile, et méritoire, de conserver l'équilibre, comme en témoigne une comédienne, Irène Andrieu :

« C'était en 1963. Je jouais Emilie dans *Cinna*. Nous en étions à plus de cinquante représentations. Je connaissais parfaitement mon rôle. Dans les coulisses, juste avant d'entrer en scène pour le troisième acte, un ami me dit : “ Kennedy vient d'être assassiné. ” Je ne pouvais pas y croire. Je me suis retrouvée la gorge serrée, incapable d'entrer en scène. Je devais faire un plaidoyer justifiant l'assassinat politique. C'était une situation impossible. J'ai eu le trac. J'avais peur de ne plus me souvenir du texte. Et j'ai joué cette scène à contresens, dans la révolte, l'impuissance, alors qu'elle impliquait de la violence et une grande conviction. Mon partenaire m'a demandé ce qui m'arrivait. Je le lui ai dit. Il a eu le trac à son tour. »

Parler en public

Dans notre expérience d'animatrice de formation et d'animateur de groupe de développement personnel et de psychothérapie, la peur de parler en public fait l'unanimité des participants. Ils abordent tous ce thème dès qu'ils ont retrouvé la force de s'exprimer. L'ordre selon lequel ils prennent la parole est d'ailleurs un indicateur très précis de leur niveau de blocage ou de leur degré de liberté.

Nous avons entendu parler d'un groupe de rencontre (groupe où l'animateur reste totalement neutre, se contentant de réguler les interactions des participants) où il fallut attendre la neuvième session hebdomadaire, de trois heures (cent quatre-vingts minutes) chacune, avant qu'un des membres du groupe décide de rompre le silence. Mais on peut imaginer le travail intérieur qui s'est effectué pour chacun pendant ces vingt-quatre heures (mille quatre cent quarante minutes) de mutisme collectif. Saluons le courage du premier à parler. A moins que l'exaspération n'ait eu raison de son trac. Comme souvent en pareil cas les choses sont ensuite allées très vite, la dynamique du groupe explosant après cette longue contrainte.

Les examens

La situation d'examen, surtout l'oral évidemment, porte le trac au paroxysme. François Mitterrand évoque, dans *La Paille et le Grain*, cette hantise de l'oral :

« L'oral de mon premier bac hante encore parfois mes rêves. Je me vois face à l'examinateur, dans cette salle de la Faculté des Lettres de Poitiers, aux bonnes odeurs de poussière d'été. Les mots dansaient dans ma tête et restaient au niveau du larynx. Et le peu qui en sortait échappait aux normes grammaticales. Sale affaire ! Cet examen raté, faute d'avoir émis un son clairement articulé, je ne cesse de le passer. Aujourd'hui encore, parler en public déclenche une sorte de refus. »

Prise de parole et jugement. Le candidat est confronté, souvent devant un public, à une ou plusieurs figures redoutables, les juges, les examinateurs. Il est d'autant plus angoissé qu'il doit donner le meilleur de lui-même, aiguiser son esprit, mobiliser ses connaissances, ranimer son éloquence, et qu'il a conscience que sa performance aura des conséquences directes sur sa carrière et sur sa vie.

Que les événements de Mai 68, où beaucoup voient la remise en question des autorités hiérarchiques et paternelles, aient pris naissance à l'Université, deux mois à peine avant les examens, n'est peut-être pas sans rapport avec le trac... En tout cas, l'un des résultats les plus clairs de ces manifestations a été la suppression des oraux. Disparition provisoire : les maîtres ont récupéré le pouvoir et le trac est réapparu dans les salles d'examen.

Le trac fait la fortune des auto-écoles. Le permis de conduire, passage obligé sur la route de l'autonomie, passeport vers l'âge adulte, certificat de conformité sociale, cumule tous les facteurs susceptibles de déclencher le trac : importance de l'enjeu, réel et symbolique ; proximité d'un juge souverain, détenteur du pouvoir suprême, auréolé d'une réputation de férocité inflexible, attentif à vos seuls gestes et paroles ; nécessité de maîtriser simultanément un ensemble de mouvements complexes tout en restant disponible et vigilant au niveau verbal ; omniprésence des interdits foisonnant à chaque carrefour ; crainte des répercussions d'un échec, ou d'un énième échec, sur l'image idéale de soi, etc.

Il n'est pas étonnant que le permis de conduire figure au premier rang des motivations des jeunes clients de la relaxation.

Le spectacle

Le trac intervient avec autant de virulence dans le domaine du spectacle que dans celui du discours. Outre la parole, il s'agit là de se montrer, de s'exhiber.

La poésie récitée devant la classe, puis en famille, les spectacles à l'école figurent parmi les premières expériences. Par la suite, si l'on ne se sent pas doué pour les planches, on peut généralement éviter les occasions de se donner en spectacle. Mais il arrive que le destin et le trac vous rattrapent au tournant :

« Adolescente et timide à l'époque, j'avais été dîner avec toute une bande de parents et d'amis dans un restaurant chinois, *Le Mandarin céleste*. Au dessert, la direction organise une tombola et je suis désignée " Mandarine d'honneur ". Pour moi plutôt, " Mandarine d'horreur ". Revêtue d'une robe chinoise, les cheveux nattés en tresse, je suis contrainte de faire un discours, de chanter un couplet et enfin de danser, seule, au milieu de la salle. J'ai bien cru que j'allais m'évanouir. »

Si l'on en croit l'expression de panique sur son visage et la rigidité de son maintien, telles que les caméras de télévision nous les ont révélées, François Mitterrand dut éprouver une angoisse comparable lorsqu'il fut invité à ouvrir le bal par l'épouse d'un Président lors de son périple africain de décembre 1984. Il avoua en cette occasion qu'il n'avait plus dansé depuis trente ans. Ce qui peut bien légitimer son trac.

Le trac n'épargne pas les professionnels. De méchantes langues prétendent que depuis la réplique célèbre de Sarah Bernhardt à une jeune comédienne qui lui disait ne pas connaître le trac : « Ça vous viendra avec le talent », certains acteurs affichent leur trac comme preuve de génie. Mais les témoignages recueillis nous font pencher vers l'hypothèse qu'il s'agit du trac véritable.

Les jeunes comédiens le connaissent :

« Cette trouille n'est pas logique *a priori*, pas justifiée. Au théâtre, je sais mon texte, je sais que je suis bon, j'ai répété et répété, sinon je n'oserais même pas y aller. Malgré cela, j'ai la trouille. La dernière pièce où j'ai eu le trac, *La Servante amoureuse*, a connu un succès formidable. Nous avons tenu l'affiche un an. Nous jouions à vingt heures. Pendant les quatre ou cinq premiers mois, dès seize heures je n'étais plus capable de faire quoi que ce soit tellement j'avais la trouille. Je me disais : " Ça a marché hier, mais est-ce que ça va marcher ce soir ? " C'était épouvantable et épuisant. Après le spectacle j'étais en forme jusqu'au lendemain même heure. Ma grande joie, c'était le dimanche : comme on jouait à quinze heures, j'avais la trouille le matin, et ensuite la journée libre ! » (Philippe Varache.)

« Pour remplacer un camarade défaillant, un jeune acteur accepte la gageure d'apprendre son rôle en trois jours. Sur scène, le premier soir, nous nous rendons compte aussitôt qu'il meurt de trac : ses mains tremblent, il transpire, il est livide. Soudain, il saute quatre pages de texte. Nous essayons de le ramener sur le droit chemin en reprenant un peu plus haut. Mais lui remonte huit pages en arrière. Yves Robert, le metteur en scène, s'avance vers le public et annonce qu'il y a un incident technique. On baisse le rideau, pour reprendre cinq minutes plus tard. Le comédien a recouvré ses esprits et arrive cahin-caha à la fin de la représentation. En rentrant dans sa loge, il a une crise de nerfs épouvantable. » (Pierre Richard.)

Les vedettes en souffrent tout autant. « Rares sont les artistes qui n'ont pas le trac. Quelques exceptions sont là pour confirmer la règle, comme Jean-Paul Belmondo pour lequel le problème ne se pose même pas, ou Alain Delon, qui n'a remarqué l'existence du trac qu'à travers ceux qui l'approchent [1]. » Henri Salvador nie lui aussi le trac : « Il suffit d'avoir quelque chose dans le ventre. »

Pour la majorité, les choses ne se passent pas aussi heureusement :

« Le trac, c'est quelque chose de monstrueux. Ça vous prend un matin, deux mois avant le grand jour, avec une sensation de vide. On a l'impression que l'on plonge, que l'on regarde du haut d'un immeuble et que l'on se voit tout petit, petit. Ça commence comme cela. Puis l'angoisse monte, les mains commencent à être humides dès que l'on pense au spectacle. On ne voit plus que le tragique. » (Ludmilla Tcherina.)

---

1. *Téléstar*, 26 novembre 1984.

« Je jouais avec Marie Bell la pièce de Félicien Marceau, *Madame Princesse*. Le soir de la générale, elle était très calme. Elle me dit : “ N'aie pas peur. Ce soir, c'est l'auteur qui risque quelque chose. Et si tu as un problème, regarde-moi, appuie-toi sur moi. ”

« Je marche, je fais les cent pas, je me dis : “ Pourvu que le théâtre brûle, pourvu qu'on rembourse, n'importe quoi. ” On est prêt à toutes les concessions pour ne pas jouer.

« L'heure arrive. On frappe les trois coups, et je me dis : “ Tant pis. Vas-y. ” Je me donne des coups de pied dans le derrière. Le rideau se lève. Je me tourne pour “ m'appuyer ” sur Marie Bell. Et je la vois, la jambe tremblante, en train de faire son signe de croix. Ça m'a enlevé mon trac. » (Jean-Claude Brialy.)

Pour Pierre Dux, le pire trac vient de la conscience d'entrer en scène dans un rôle où l'on sait n'être pas bon : « Le sentiment de honte qu'on éprouve alors est épouvantable [1]. »

Même un Pierre Bellemare, avec l'expérience de ses milliers d'émissions, avoue avoir le trac :

« Dans notre métier le doute est constant. On essaye de se dépasser. Le trac est le même à chaque première émission d'une nouvelle série, surtout en radio où l'on a moins de possibilités de se rattraper qu'à la télévision. A certains moments, on a le sentiment d'avoir été bon. Mais l'inquiétude subsiste, et l'on demande l'avis de son entourage.

« Je suis un grand timide. Je l'ai été, et je le reste. J'éprouve toujours les mêmes émotions juvéniles. C'est comme si l'expérience ne m'avait rien appris. Et j'aborde la réalité avec des yeux et un cœur toujours neufs.

« Le trac est un réflexe naturel. D'une personne qui dit ne pas le connaître, je penserais qu'elle manque d'émotion et de sensibilité. »

---

1. *L'Express*, 23 novembre 1984.

95 % des musiciens interrogés reconnaissent avoir le trac. Un jeune clarinettiste amateur, agrégé de surcroît, apporte une précision intéressante :

« J'ai passé l'agrégation tranquillement (le ventre quand même un peu serré avant l'oral), parce que je connaissais mon sujet, et parce qu'il ne s'agissait que de parler. Mais j'ai échoué à l'examen de clarinette du Conservatoire, en deuxième année, à cause du trac, quoique l'enjeu fût beaucoup moins important. J'avais le souffle court, ma mémoire me jouait des tours, et, surtout, mes doigts étaient devenus tout mous et s'emmêlaient constamment. Le soir même je jouai, seul dans ma chambre, à la perfection, le morceau sur lequel je m'étais planté devant le jury. »

L'explication qu'il en donne, c'est que le corps a besoin d'une marge de sécurité beaucoup plus grande que la parole. Ses propos rejoignent les constatations du violoniste Raphael Oleg :

« Les instruments à vent, la clarinette, le hautbois et surtout le cor sont très sensibles au trac : ils exigent une maîtrise parfaite de la respiration et du souffle. De même, le clavecin ne cache rien ; toutes les notes sont également présentes. Le piano est plus " tolérant ". »

Les chefs d'orchestre ont en général un effet rassurant. En particulier Emmanuel Krivine : sous sa baguette, les cors perdent leur trac et trouvent des sonorités éblouissantes...

« Le trac est plus fort pour l'instrumentiste quand il doit émerger du sein de l'orchestre pour jouer un passage en solo, que pour le soliste : il a conscience de sa responsabilité par rapport à l'ensemble, alors que le soliste n'est responsable que de lui-même. »

Les cinéastes sont sujets au « trac à retardement », puisque au moment de la projection les jeux sont déjà faits. Ils ne peuvent plus rien changer :

« J'ai un trac énorme avant la projection : c'est le

moment où intervient le regard de l'autre. On se montre. « Je n'ai pas peur quand j'écris le scénario, mais, face au public, je suis rongé de peur. » (Fernand Moszkowicz.)

On raconte que Lelouch avant chaque projection a envie de fuir. Il s'enferme dans son bureau, il est malade.

En règle générale cependant, le trac est un sujet tabou qu'on ne peut aborder qu'avec de très bons amis :

« On n'évoque pas le trac entre professionnels. C'est comme parler d'argent, dire ce que gagne chacun d'entre nous. Ou, dans le temps, dans les famillles, la dépression nerveuse. On la cachait. Jamais, jamais, par exemple, je n'avouerais que je prends des béta-bloquants. »

Le sport

Le sport lorsqu'il est exercé purement en amateur — courir, nager, skier, pour le plaisir —, loin de déclencher le trac, procure une détente et une joie du corps qui constituent une véritable thérapeutique du trac. Dès qu'il y a *compétition*, que le résultat entre en jeu, le trac fait irruption dans la partie.

De nombreux facteurs interviennent dans le domaine du sport, qui « enrichissent » le trac et le complexifient. D'abord *la peur*, lorsque le sport en question comporte un risque physique certain : la descente en ski, le concours hippique, la boxe, la moto, la compétition automobile, la course de taureaux, etc. Elle se combine avec le trac et en accentue les effets.

L'importance de l'enjeu est un facteur déterminant. C'est pourquoi les finales sont souvent décevantes par rapport aux matches qui ont précédé. Les adversaires, les équipes sont tellement crispés par l'importance du résultat que la qualité du jeu en pâtit.

Le tennis offre à cet égard un champ d'exploration fascinant. La partie s'articule et pivote *autour des moments de trac*. Aux instants décisifs du match, le joueur joue « petit bras ». Il ne peut pas jouer son jeu naturel. Ses coups ne partent ni ne portent plus. Certains champions, tels Vilas ou Lendl, semblent particulièrement sujets au trac.

Lors d'un « Grand Echiquier » consacré au tennis, Jacques Chaban-Delmas reconnaît que le trac lui a coûté sa carrière de tennisman. Chancel intervient : « Et dans la compétition pour la présidence de la République ? » Réponse : « C'est un autre jeu, et là, je n'ai jamais rencontré le trac... »

Les résultats pourraient ne concerner que les joueurs. Mais depuis vingt-cinq siècles que le sport est spectacle, le jugement du public intervient, comme troisième ou première composante du trac des sportifs, avec la peur de l'enjeu. Pour des raisons tant de gloire que d'argent, le champion doit veiller à son *image*, et éviter qu'elle se ternisse aux yeux du public, ou plutôt *des* publics concernés : l'adversaire d'abord, dont le trac augmentera d'avoir été déjà battu, la famille et les amis, le club, les dirigeants, les supporters, les organisateurs, les sponsors, les confrères, les « grands anciens », la patrie, du village au continent, et désormais, grâce à la mondiovision, l'univers tout entier qui s'attache à sa gloire.

N'oublions pas, enfin, dans certaines disciplines, tels la gymnastique, ou le patinage artistique, les juges, ces Parques, qui tissent l'avenir des champions en brandissant leurs petits cartons fatidiques.

Les adversaires et les alliés

« Un seul être vous traque, et tout est surpeuplé... »

Deux catégories de spectacteurs détiennent le pouvoir d'augmenter, voire de déclencher le trac, les adversaires et les amis.

Une jeune comédienne évoque le trac de la générale :

« C'était un public de professionnels. Nous sentions la salle froide, négative. Dès le début nous avons compris que ce serait dur. Cela nous a conduits à jouer de façon agressive, comme s'il s'agissait d'un combat. Mais, quand on est tendu, l'émotion ne passe pas. On force au maximum, mais si on force ça ne vient pas. »

Un homme politique, député-maire de sa ville, raconte :

« Le plus redoutable, ce n'est pas la grande foule, mais la petite réunion où l'on sent un îlot de résistance. Lors d'une réunion électorale, deux femmes qui me détestent se sont installées au premier rang et n'ont cessé de me regarder avec ironie. J'ai eu le trac comme rarement. »

Un psychologue décrit un phénomène analogue :

« Atteint d'une laryngite, je dois animer pendant toute une journée un groupe de professionnels où je suis mal accepté en tant que psychologue. Je perçois la tension dans la salle. Plus elle s'accroît, et plus mon trac augmente. Bientôt je n'ai plus de voix du tout. »

Ce témoignage fait également ressortir le processus de « boucle négative » : la tension génère le trac, qui accentue la tension, qui..., etc. Le meilleur moyen pour sortir de cette spirale infernale consiste à mettre le problème sur le tapis et à le régler avec les participants.

Les amis ne sont pas forcément des atouts, bien au contraire. Francine Gomez, qui cumule carrière politique et direction d'entreprise, en témoigne :

« Je n'ai plus le trac quand je parle en public ou à la télévision de l'entreprise ou d'un sujet que je connais bien, devant des gens intéressés et qui ont envie de m'entendre. J'en ai l'habitude. Le public politique, c'est tout à fait autre chose. Ils ne sont pas sympathisants, bien au contraire. Et il y a pire que le public, il y a les colistiers ! Ils sont souvent négativement critiques. Un jour je me suis fâchée et je leur ai dit : " Faites-le donc à ma place ! " Il n'y avait plus personne... »

De nombreux artistes, les musiciens en particulier, se plaignent de la sollicitude, ou du sans-gêne de leurs proches dans les heures qui précèdent le spectacle ou le concert :

« Il est extrêmement désagréable de voir des amis une ou deux heures avant le concert. Les gens ne se rendent pas compte qu'ils vous distraient. Ils parlent de n'importe quoi. Les conversations que j'ai pu avoir deux heures avant me gênent pendant toute la première heure du concert. J'ai beaucoup de mal à les oublier. »

Le chef d'orchestre Leopold Stokowsky, si quelqu'un lui adressait la parole entre sa loge et la scène, rebroussait chemin et s'enfermait jusqu'à ce qu'il ait retrouvé sa concentration, quitte à faire attendre les spectateurs une bonne demi-heure. Johnny Hallyday, Julien Clerc, Alain Souchon, Miou-Miou, Isabelle Adjani, pour ne citer qu'eux, s'isolent avant une représentation ou une scène de tournage.

S'il est plus facile de jouer quand il y a des amis dans la salle, les comédiens conseillent de ne pas essayer de les reconnaître depuis la scène : cela risque de détourner l'attention du jeu. Cela dit, rares sont ceux qui peuvent s'empêcher de jeter un coup d'œil par la fente du rideau pour repérer les gens qu'ils connaissent :

« Derrière le rideau, je repère s'il y a des gens que je connais dans la salle. Les savoir là me réconforte, mais il ne faut surtout pas que je croise leur regard quand je joue, sinon je perds tous mes moyens. » (Anny Duperey [1].)

La même mésaventure est arrivée à une directrice d'école :

« Une heure avant mon intervention à la réunion des parents d'élèves, je me sentais très sûre de moi, passionnée à

1. *Téléstar*, 26 novembre 1984.

l'idée d'expliquer nos nouvelles approches pédagogiques. Mais, debout sur l'estrade, après une longue attente imprévue, je sens mes mains qui commencent à trembler. Je vois que mes amis s'en aperçoivent, et mon trac augmente. Il disparaît dès que je prends la parole. Mais j'étais tellement anxieuse de convaincre que je recherche dans la salle des visages amis pour analyser leurs réactions. Je me déconcentre de ce fait, et le trac revient, énorme. Le trac en cours est beaucoup plus déroutant que le trac du début. »

Une animatrice de groupes de formation professionnelle, pourtant rodée aux problèmes de trac, a vécu, elle aussi, une expérience d'autant plus désagréable qu'elle était inattendue :

« Depuis quelques années j'avais pratiquement vaincu le trac en position d'animatrice. Un jour, en plein exposé, je vois entrer dans la salle l'homme qui m'avait formée à ce métier. A la seconde, j'ai perdu tous mes moyens. Je ne trouvais plus mes mots. Je me suis mise à bafouiller. Finalement j'ai dû m'asseoir, sinon je me serais évanouie. J'ai repris mes esprits dès qu'il a quitté la salle. »

Quand l'ami est un peu plus qu'un ami, la situation peut se détériorer encore plus rapidement, comme en témoigne une ravissante jeune femme :

« J'étais partie au Club Méditerranée avec un ami très cher. Nous participions à toutes les activités avec beaucoup d'enthousiasme. Juste avant le dîner, le responsable du spectacle de la soirée vient me trouver en catastrophe : la G.O. qui devait tenir le rôle vedette est tombée malade. Comme j'avais suivi les répétitions, il me demande de la remplacer au pied levé. Il s'agissait, habillée et maquillée en vamp outrageusement fatale, de chanter en play-back une chanson mélodramatique tout en descendant un immense escalier. J'accepte de grand cœur et je file me maquiller. A ce moment précis, je prends conscience que mon ami sera dans la salle. Je songe à abandonner, mais je me suis engagée. Ma main tremble tellement que j'ai du mal à mettre mon rouge à lèvres, et que je manque de m'éborgner avec le crayon pour les yeux. En haut de l'escalier c'est encore pire. Arrivée, un siècle plus tard, en bas, je n'ai plus qu'une idée : fuir. Je m'enferme à double tour dans ma chambre et je pleure à chaudes larmes, persuadée que je me suis ridiculisée et que mon ami ne voudra plus jamais me voir. Je commence même à préparer mes bagages. Mais comme il n'y avait pas d'avion le lendemain, je suis restée. Pour recevoir mille compliments de la part des G.O., des G.M. et, surtout, de mon ami. Personne ne s'était aperçu de rien. »

La présence des parents semble souvent plus redoutable encore que celle des amis :

« Je n'ai jamais voulu que ma mère voit un de mes défilés. Là, je serais mort de peur, parce que c'est ma mère. C'est un jugement autre, qui m'est trop proche. J'ai attendu au moins dix ans avant d'inviter mes amis en dehors de la mode. Je me découvre et je ne suis pas tout à fait sûr d'aimer cela. Mais ils sont venus subrepticement et finalement cela n'a pas été aussi difficile que je le craignais » (Angelo Tarlazzi).

Le trac et les médias

Les médias, en particulier les médias audiovisuels, qui multiplient la portée et les effets, l'un, la radio, de la voix et de la parole, l'autre, la télévision, de la personne tout entière, ont ouvert au trac un champ illimité.

A sa première annonce sur la première chaîne, en 1964, Denise Fabre est prise d'un tel trac qu'elle ne s'en sort que grâce au secours de son ancienne, Catherine Langeais. Tandis qu'elle pleure et se lamente :

« J'ai raté, c'est la dernière fois sans doute que je fais une annonce... »

Catherine Langeais explique :

« La petite a été victime d'un “ trou ”. Elle savait parfaitement son texte dans l'après-midi et le disait de manière impeccable. Peut-être n'aurait-elle pas dû l'apprendre par cœur. Mais ce n'est pas grave. Moi, le jour où j'ai fait ma première annonce, je me suis levée et je suis sortie du studio avant que ce soit fini. »

L'opinion des utilisateurs varie du tout au tout quand il s'agit d'attribuer la palme de la difficulté à la radio ou à la télévision. Pour certains la radio est terrorisante : il n'y a pas d'image pour rattraper ses maladresses comme à la télévision, et l'impression de ne parler à personne désamorce tous les effets.

Le téléphone, instrument pourtant familier, peut susciter des frayeurs voisines de celles déclenchées par la radio. Plus intenses même parfois car au téléphone on a un correspondant au bout du fil, dont les réactions peuvent vous déconcerter. Alors qu'à la radio on est protégé par l'anonymat muet de l'auditoire.

L'anecdote suivante remonte à une quarantaine d'années, c'est-à-dire à une période où le téléphone n'était pas encore entré dans les mœurs. Elle est citée par son héros comme l'origine du trac qu'il éprouve encore devant cet appareil. A treize ans, très amoureux d'une camarade de classe, il mobilise tout son courage pour lui téléphoner. Il tombe sur un homme à la voix sèche et autoritaire, qui lui demande ce qu'il a à dire à sa fille.

« — Je n'ai pas bien noté les problèmes que nous devons préparer pour demain.

« — Attendez une minute. »

Il attend, le cœur frémissant, d'entendre la voix de celle

qu'il aime. Mais, horreur et déception, c'est à nouveau la voix d'homme :

« — Problèmes numéros 47, 48 et 49, page 36. Et la prochaine fois, faites attention en classe ! »

Si les personnes qui craignent la radio ont souvent également peur du téléphone, c'est que ces deux médias ne leur permettent pas d'utiliser toutes les armes de leur arsenal de conviction et de séduction : sourires, mimiques, clins d'œil, positions et mouvements du corps, etc. Ils se sentent démunis. D'autres, comme Roosevelt ou de Gaulle, ont su mettre à leur profit l'intensité de la radio, qui mobilise d'autant mieux l'attention du public qu'elle n'utilise qu'un seul canal sensoriel.

François Léotard, porte-parole du parti républicain, et Francine Gomez sont à l'aise à la radio :

François Léotard :

« J'aime la radio. Je me sens beaucoup plus à mon aise. On est plus tranquille, plus concentré. Je dis moins de bêtises à la radio qu'ailleurs. Les meetings m'inquiètent un peu car on est toujours obligé de forcer. »

Francine Gomez :

« La radio ne me gêne pas, parce que je ne suis pas vue. Je peux faire ma petite cuisine. Je peux être comme je veux, mal coiffée, etc. Ici je n'ai pas peur du trac puisque je n'ai pas la crainte du trou de mémoire. Je peux lire mes notes tranquillement, alors qu'à la télévision il faut toujours regarder la caméra ou votre interlocuteur. »

Certains craignent le pouvoir grossissant de la télévision. Il a été si souvent souligné que de nombreux intervenants, professionnels compris, se plient aux injonctions d'une grammaire gestuelle étriquée, de peur peut-être de crever l'écran ? Remarquez en particulier les doigts obstinément croisés, seuls les pouces gardant un semblant d'autonomie expressive. Ce carcan et la vigilance qu'il exige favorisent le trac, cousin de la paralysie. Les conditions techniques du travail à la télévision multiplient les embûches et alimentent le trac :

« Le pire souvenir de trac, raconte une interprète, c'est la première fois que j'ai travaillé pour la télévision. Professionnellement, je ne courais aucun risque, mais les conditions techniques sont terrifiantes. La traduction simultanée doit être pratiquement instantanée. Ils ne veulent pas comprendre qu'on ne peut pas commencer à traduire *avant* d'avoir entendu la personne. Ce jour-là il y avait un problème de micro. Je n'entendais presque rien. Il a fallu faire comme si. J'en étais malade. J'avais des sueurs froides. J'ai dû perdre deux kilos.

« Cette mauvaise expérience m'a marquée. Maintenant, quand je vais à la télévision je ressens la panique des heures avant. J'ai plus le trac à l'idée des difficultés techniques qui peuvent survenir que pour le travail lui-même. J'ai appris des exercices de respiration pour être sûre que ça ne va pas se bloquer. »

Francine Gomez à nouveau :

« Je savais parfaitement ce que j'avais à dire. Tout ce qui me restait à faire, c'était de sourire au bon moment. Un sourire, et tout passe mieux. Normalement, je ris tout le temps, mais comment sourire sous la torture ? Les interviews se passent dans des conditions impossibles : dans des parkings, des garages, des marchés, devant des poubelles. Mais ce n'est rien comparé aux émissions légales de trois minutes. C'est une monstruosité. On ne peut pas imaginer ce que c'est avant de l'avoir vécu ! Il y a une cinquantaine de personnes sur le plateau ; la caméra est en face de vous et il faut la regarder. Un silence effroyable. Brusquement l'on vous dit : “ A vous de parler quand la lumière au-dessus de la caméra s'allumera. ” Le moment où cette lumière s'allume est atroce. C'est la chaise électrique ! Il faut démarrer instantanément. Chaque seconde compte. D'ailleurs un compteur devant vous décline effectivement les secondes. Au début, je ne voulais pas le regarder et quand je l'ai regardé ça m'a fait rater ma conclusion : je me suis arrêtée au beau milieu d'une phrase. Le blanc. Je ne savais plus où j'en étais. J'ai dit autre chose que ce que j'avais prévu. La clarté en a souffert.

« De plus on n'a le droit qu'à un seul raccord par prise. Sur les trois essais autorisés, j'ai choisi le moins mauvais, celui où je paraissais le plus décontractée.

« J'étais déjà passée dans l'émission de Pivot. Là c'est différent : on est plusieurs autour d'une table, et la caméra se fait vite oublier. »

Georges Suffert met l'accent sur l'aide apportée par les techniciens :

« La télévision est un média particulièrement traquant. Notre seule sécurité, ce sont les techniciens, et ils font tout pour que cela réussisse. »

Ce n'est pas l'avis d'une animatrice débutante à la radio :

« J'avais plus le trac par rapport aux techniciens qu'aux auditeurs. Je les voyais bavarder et rire derrière la vitre et j'étais persuadée qu'ils se moquaient de moi et de tout ce que je racontais. »

Le trac augmente souvent en situation de responsabilité :

« A chaque fois que je passais dans *mon* émission de télévision, j'avais peur pour la caméra qui peut tomber en panne, pour le participant qui risque de perdre son micro. Toute situation qu'on ne maîtrise pas complètement suscite l'angoisse » (Georges Suffert).

On a le trac quand on est mal secondé, mal accompagné, quand on est obligé de penser et d'agir à la place de l'autre, de rectifier ses erreurs ou ses gaffes. Une animatrice de radio présentait son programme avec un collaborateur, excellent quand il était sobre, mais il ne l'était pas toujours. Avant chaque émission elle se posait la question « Va-t-il arriver sobre ou non ? Si oui, tout va bien, sinon, on peut s'attendre à tout ! »

Dans la grande majorité des cas, les médias ne fournissent aucune indication en retour sur les réactions du public, en temps réel, ce qui permettrait aux intervenants de modifier leurs effets. C'est pourquoi l'attitude des techniciens est aussi importante : ils sont en quelque sorte les représentants délégués des auditeurs et des téléspectateurs.

Le direct et l'enregistré

Une nouvelle modulation du trac surgit avec l'opposition entre le direct et l'enregistré, qui prolonge celle, plus ancienne, entre le théâtre et le cinéma. Dans la majorité des témoignages, la balance de la terreur penche du côté du direct, ou du théâtre. Ainsi Catherine Deneuve :

« Je ne supporte pas la présence physique des spectateurs. J'ai l'impression que jamais je ne pourrai dominer le trac qui m'envahit, sentir les gens dans le noir, qui vous regardent [1]... »

« Le théâtre ? Jamais ! Au cinéma, on peut recommencer, s'améliorer, se tromper. On a le droit à l'erreur. Et puis il n'y a pas le contact avec le public qui me bloque complètement. Le direct pour moi est une épreuve terrible. Au cinéma je peux faire des tas de choses que je n'oserais jamais faire dans la vie, mais sur scène je suis paralysée de trac. On me dit que c'est parce que je n'en ai jamais fait, qu'il y a une satisfaction, un plaisir tout autre. Je le comprends mais j'aime même les contraintes du cinéma, ce côté magique des choses à l'envers... la fabrication d'un film [2]. »

1. *L'Autre Journal*, décembre 1984.
2. *Nouvel Observateur*, juin 1984.

Pour Pierre Richard, par contre, le cinéma suscite des occasions de trac plus redoutables que le théâtre :

« Au théâtre on a trois mois pour se mettre dans la peau d'un personnage. Au cinéma, trois heures. On n'arrive pas toujours à intégrer les indications du metteur en scène dans un temps aussi court. Les prises se succèdent. On sent qu'on ne va pas y arriver, on se bloque, c'est l'angoisse. Vingtième prise, vingt et unième... et le trac continue d'augmenter. Même un Gérard Depardieu peut se trouver coincé. Si l'on est gentil avec vous, on culpabilise : " Pardon, je vous fais perdre du temps. " On s'excuse auprès des comédiens, du metteur en scène. Si le producteur est là, c'est pire. Et quand on est méchant avec vous, c'est encore plus affreux. »

Lynn Richards, la célèbre chanteuse de blues noire, malgré sa très longue expérience de la scène (elle a commencé avec Cole Porter au *Waldorf Astoria*), avoue qu'elle ressent un trac épouvantable chaque fois qu'elle passe en direct dans « All my children », l'émission vedette de la session de midi sur Channel 7 :

« J'ai des papillons dans l'estomac et je n'ai qu'une envie, me cacher. »

Les musiciens font également la distinction entre l'enregistrement et le concert en direct :

« Le direct est plus difficile que l'enregistré. A l'enregistrement on peut recommencer, se reconcentrer, repartir. C'est ce qui permet de faire des choses extraordinaires sur disque parce que l'on peut aller très loin. Si l'on rate on peut retomber dans le filet » (Catherine Collard).

Parfois les difficultés se cumulent :

« J'ai doublement le trac lorsqu'un disque est enregistré en direct et devant un public » (Yvonne Kenny).

La journaliste Agathe Godard reconnaît :

« Je suis incapable de mener une interview radio ou télé en

direct. Ecrire, ça va, je peux reprendre, corriger, le risque est moindre. »

Monique Pivot, rédactrice en chef des Editions Mondiales, partage cette opinion :

« Devant la page blanche, je n'ai pas du tout le trac car on peut voir, revoir et faire mieux. Par comparaison au direct où, une fois que c'est fait, c'est fait. »

Véronique et Davina sont, elles aussi, ébranlées par le direct :

« Je n'ai le trac qu'en direct. On ne peut pas gommer la phrase qui ne va pas. »

Brigitte Simonetta, entre deux maux, préfère, elle, le direct :

« Pour moi l'enregistré, c'est pire. En direct, j'ai le trac. C'est l'heure de vérité. On est obligé de plonger. Mais en enregistré on est forcé de se surveiller constamment. Il y a trop de temps pour réfléchir à la façon de se présenter. On est plus guindé. »

Un instrument, avec lequel on est de plus en plus souvent confronté au téléphone cumule les dangers du direct et de l'enregistrement : le répondeur-enregistreur. On s'exprime sans préparation, dans les conditions du direct, tout est enregistré mais aucune correction n'est possible. Ce qui explique pourquoi tant de messages ne livrent que le silence. Le trac a rendu l'interlocuteur muet.

Le temps détraqué

Sur la feuille de température du trac, la pointe se situe juste avant le plongeon dans l'action, dans l'acte de création, au moment de l'engagement.

« Certains artistes arrivent trois heures avant le spectacle pour se mettre en condition, comme Serge Lama, d'autres au contraire attendent la dernière minute. " Je prends juste le temps de me préparer, dit Anny Duperey, en laissant la porte ouverte pour entendre le bruit des coulisses, et je sors très vite pour fuir la solitude de la loge [1]. " »

« Le matin de la présentation de la collection, je suis là à 6 heures du matin, alors que le défilé a lieu à 11 heures. J'espère qu'un événement inattendu rendra la chose impossible : la collection volée, un incendie. Quelque part cette idée me plaît assez. » (Angelo Tarlazzi.)

Le thème de la solitude revient souvent :

« Le plus dur, c'est de se retrouver seules dans le grand studio, quand le metteur en scène prononce les paroles fatidiques : " A vous maintenant. " Là, on est vraiment seules. On a le trac quand le réalisateur dit : " Moteur. " » (Véronique et Davina.)

Le metteur en scène Fernand Mosztrowicz raconte que le chef opérateur de Francis Coppola pour *Apocalypse Now*, un très grand opérateur, qui avait reçu deux oscars, était malade à la veille d'un tournage. Il était persuadé qu'il ne savait plus éclairer. Il n'arrêtait pas de répéter : « Je pensais que je n'allais pas savoir. »

Pour certains, le trac suit une évolution prévisible :

« J'ai le trac deux jours avant l'intervention. Une fois proche de l'action cette sensation disparaît complètement » (un jeune cadre dynamique).

« Il y a trois phases dans le trac :

1) Un sommet deux heures avant. Difficulté à se concentrer, à lire, à comprendre.

2) La mécanique de la préparation dilue le trac. Il y a des choses concrètes à faire.

3) 5. 4. 3. On tourne. » (Georges Suffert.)

---

1. *Téléstar*, 26 novembre 1984.

Pour d'autres, impossible de prévoir :

« Quelquefois on démarre un concert avec un trac terrible et puis il s'en va. Il peut arriver aussi en cours de concert. On ne sait pas ce qui se passe. »

« Actuellement j'ai un " mauvais trac ". Ça me prend sans raison, n'importe quand. Avant j'avais le trac pour une chose déterminée, et au début seulement. Maintenant il arrive à n'importe quel moment. »

Il ne s'atténue pas forcément avec l'expérience et le temps. Bien au contraire :

« Quand j'ai toréé la première fois, je n'ai pas eu peur du tout. La deuxième fois, j'ai eu le trac. La première fois on ne connaît pas le danger. »

« La deuxième fois, c'est encore pire. La première fois il y a une bonne dose d'inconscience. La deuxième fois vous savez, alors c'est terrible. »

Et la troisième fois, et la dixième fois ? Mireille Mathieu répond :

« Plus j'avance dans le métier et plus j'ai peur. A mes débuts j'étais euphorique et un peu inconsciente. Maintenant je panique trois ou quatre heures avant d'entrer en scène. »

Le temps peut être en soi un facteur de trac :

« Je n'ai pas le trac devant la page blanche, sauf si le temps est limité. »

Une décoratrice-modéliste de théâtre, ayant passé de trop longues heures à fignoler les arbres de la forêt magique du *Songe d'une nuit d'été*, s'est retrouvée avec dix-sept costumes à inventer et à fabriquer dans la journée. Elle se lève à 6 heures. Paralysée par le trac devant l'œuvre à accomplir, elle est incapable de faire un geste. Elle appelle un ami pour l'aider à « débloquer le temps ». Les costumes ont été terminés à temps.

« Si on me prend au dépourvu, le trac me submerge. Parfois il me faut juste vingt secondes, mais il me les faut absolument. »

Le trac peut naître du *manque de temps* mais il se développe encore plus sûrement dans *le temps de l'attente.*

Comment faire éclater un moteur ? En le faisant tourner à vide à son maximum de puissance. Le trac est une répétition à vide de l'épreuve à venir. Georges Suffert se souvient d'une émission de télévision où il devait interviewer un ministre, juste après un match de football. On joue les prolongations. Le ministre se décompose. Il a réussi à se ressaisir de justesse quand on leur a enfin passé l'antenne. Mais il a juré de ne plus revenir.

Un jeune attaché commercial s'était longuement préparé pour faire un exposé devant une délégation de clients étrangers. Il avait travaillé dur toute la semaine. Tout était prêt. Il avait répété et répété, malgré un trac croissant au fur et à mesure qu'il se rapprochait de l'épreuve. Au dernier moment, pour des raisons de haute stratégie commerciale, son directeur décide d'annuler l'intervention. Il le prévient cinq minutes avant :

« Je me suis effondré. Jamais je ne m'étais senti aussi épuisé ; bien plus que si j'avais fait mon exposé. J'avais perdu toute mon énergie, sans pouvoir me recharger dans l'action. »

L'attente frustrée s'apparente au *coitus interruptus.*

L'attente pure, l'attente vide, quand on est suspendu aux résultats d'un examen par exemple, permet au trac de se développer jusqu'à des niveaux insoutenables. Le temps n'en finit plus de durer.

La spirale infernale du trac

Le trac donne le trac. Il se nourrit et s'amplifie des angoisses passées. Pierre Richard a vécu cette expérience à la suite d'un trou de mémoire sur scène :

« Le lendemain j'appréhendais tellement ce trou que je l'ai eu au même endroit. C'est devenu obsédant. Je me disais “ ça va être à toi ”. Je répétais sans cesse ma phrase, mais comme je n'écoutais plus du tout le texte de mon partenaire, je ne savais plus où nous en étions. Cela me filait des angoisses terribles. Les jours passaient et la situation empirait. A tel point que j'ai été voir un médecin.

« D'un petit trou est né un grand trac. »

La violoniste Catherine Collard considère, elle aussi, que les mauvaises expériences ont des prolongements redoutables :

« Après deux concerts particulièrement éprouvants, chaque fois que je remontais sur une scène, c'était affreux : le trac revenait immédiatement. En plus du trac que j'éprouvais réellement je finissais par avoir l'angoisse du trac qui allait ou qui pourrait poindre. Cela a une incidence terrible sur le moral. Ça peut durer des années et des années. »

Elle constate que les expériences négatives laissent des traces plus profondes et plus durables que les expériences positives :

« L'importance que leur accorde notre subconscient est déséquilibrée. Il faudrait pouvoir ne stocker que les bonnes expériences... C'est toujours la vieille histoire : un enfant qui rapporte une mauvaise note dans l'année, ça fait toute une histoire, et l'on oublie complètement les bonnes notes. Une erreur compte plus que neuf cent quatre-vingt-dix-neuf réussites. »

Les lieux du trac

« Le trac est lié à mille choses : la qualité de la salle,

l'éclairage, la place du public : ainsi la salle du Philharmonique de Berlin est rassurante et sympathique malgré ses dimensions, alors que la salle Gaveau, plus petite, est angoissante. Je préfère que le public soit dans l'ombre, dans un trou noir, où il devient une abstraction, plutôt qu'une salle trop éclairée, où je peux repérer les individus » (Raphael Oleg).

« A Conques c'est formidable. C'est un lieu privilégié. Lors du dernier concert que nous avons interprété là-bas nous avions peu dormi, nous rentrions d'une tournée en Amérique du Sud. Nous avons joué le soir même et nous n'étions pas fatiguées. Il y a des lieux qui nous rechargent. La préparation psychologique qui est nécessaire dans certains lieux, c'est fou. Nous savons que dans certaines salles nous ne pouvons que jouer mal.

« Il y a des salles où l'on ne peut pas avoir d'émotions. Le plus difficile c'est de jouer dans notre ville, dans notre pays, c'est-à-dire à Paris. Psychologiquement c'est très dur » (Catherine Courtois).

« Il m'est arrivé, lors d'un tournoi de publicitaire, de jouer sur le court central de Roland-Garros, devant des gradins rigoureusement vides. J'ai eu en ce lieu, surtout par l'écho des balles frappées, un pressentiment du trac que peuvent éprouver certains champions en finale des Internationaux. Comme si le trac imprégnait cette cuvette.

« Quelque vingt ans plus tard j'ai éprouvé une impression analogue, quoique diamétralement opposée, sur la scène du théâtre de Vaison-la-Romaine. J'y ai pris conscience du potentiel d'énergie fantastique dont doit bénéficier l'acteur, point de mire et centre de convergence des milliers de regards braqués sur lui. Cette énergie, il va la renvoyer au public qui s'en nourrira pour la retourner à nouveau, amplifiée, dans un crescendo sans cesse attisé. Les discours publics de Hitler donnent un bon aperçu de ce processus. »

Improviser

« L'*improvisation* donne le trac, pas la question de cours. » Ainsi s'exprime un candidat à l'E.N.A., juste avant les célèbres oraux.

Sur cette question, les avis sont partagés. Maurice Rheims, par exemple, préfère improviser :

« Réciter un texte appris dans l'enfance ou au cours des années d'études me donne le trac. Alors qu'improviser se passe bien. Ma fille, qui est comédienne, avait le trac pour moi quand j'ai animé, entouré d'acteurs prestigieux, les matinées poétiques de la Comédie-Française. J'étais parfaitement à l'aise. Si j'avais dû apprendre par cœur, j'aurais eu le trac. »

Le jeune comédien Philippe Varache est lui aussi partisan de l'improvisation :

« Le trac, ce cauchemar, a disparu depuis que je fais partie de la " Ligue d'improvisation ". Maintenant que j'improvise, mon boulot consiste à *ne pas savoir ce que je vais faire*. Par contre, quand je dois *interpréter*, le trac reste ma catastrophe. »

Jacques Villeret pratique lui aussi l'improvisation, sur le registre particulièrement exigeant du comique :

« Ce qui est terrible, c'est que je dois faire rire. Je sais dans la minute qui suit mon entrée sur scène si ça va marcher ou non. Si ça ne prend pas, je dois me battre tout le temps. L'angoisse est permanente. »

Les interprètes rencontrent dans leur travail une difficulté analogue, mais redoublée du fait qu'ils doivent improviser sans bénéficier de la liberté de parole.

« Le trac vient du fait que nous sommes constamment sur la corde raide. Nous ne savons jamais ce qui va être dit, nous ne savons jamais ce que nous allons entendre, et si nous allons comprendre. Le comédien, lui, sait ce qu'il va dire ou faire, même quand il improvise. Nous dépendons entièrement de l'autre. D'où le trac. »

L'imprévu

L'imprévu voisine avec l'improvisation sur la liste des composants du trac :

« La surprise, l'inattendu, constate une interprète, sont source de trac. Je me suis préparée psychologiquement à traduire en français. Sans préavis, je me retrouve en cabine anglaise. J'ai le trac parce que je ne me suis pas conditionnée dans la bonne direction. »

« Dans les premiers temps d'*Apostrophes*, je prévenais les participants de leur ordre de passage. Résultat : celui qui savait qu'il serait interviewé en premier se mettait aussitôt à paniquer, et celui à qui j'annonçais qu'il passerait en fin d'émission se sentait déçu, s'angoissait à l'idée d'avoir à attendre une heure avant de s'exprimer, ou encore se désimpliquait et se retirait dans sa tour d'ivoire. Maintenant, je ne dis plus rien, et, du fait de la surprise, les participants sont plus attentifs et plus naturels. » (Bernard Pivot.)

Le trac « par surprise », même s'il est intense, présente l'avantage de ne pas obérer les moments qui précèdent l'action. Il est nécessairement de courte durée.

Sous l'effet du trac, les situations les plus habituelles peuvent se charger d'imprévu :

« Je travaillais à l'époque chez Ungaro. J'apprends qu'on vient y tourner une séquence d'un film, *Manon 70*, avec Catherine Deneuve. J'étais toute contente car on m'avait demandé d'y figurer en tenant mon rôle d'hôtesse. C'était tout simple. Mais devant la caméra je me suis trouvée incapable d'accomplir les gestes et de prononcer les paroles habituels. Les techniciens, et les collègues qui rigolaient bien, étaient tous là à me regarder. »

Le remède ? Transformer la personne en personnage, et introduire entre soi et soi une distanciation théâtrale :

« Il m'est arrivé de tourner mon propre rôle dans un film. Là, je fonctionne comme une machine. Quand on me dit exactement ce que dois faire et dire, je suis imbattable. Je ne suis plus moi-même, je suis interprète, dans une mise en scène bien réglée. » (Angelo Tarlazzi.)

Sortir de son personnage habituel a souvent des effets positifs sur le trac. L'air frais de ces escapades chasse les miasmes de l'angoisse :

« Je peux faire n'importe quoi sans trac, si c'est en amateur : j'ai enregistré un disque de chansons ; je participe souvent à des émissions de télévision, sans la moindre appréhension. Mais dès que je suis mise en cause par rapport à mon métier de journaliste, je craque, j'ai le trac. » (Agathe Godard.)

Nadine Laïk, imprésario, à une époque, de Barbara, Anne Sylvestre, Serge Reggiani, etc., meurt de trac quand ses interprètes sont sur scène. Il lui est arrivé à plusieurs reprises, pour combler un vide dans un spectacle, de monter elle-même sur les planches. Comme elle ne se sent pas mise *en jeu* personnellement, qu'il n'y a pas d'*enjeu*, elle plane tranquillement hors d'elle-même, et regarde le personnage qu'elle incarne évoluer et se manifester sans être vraiment concernée. Cette décontraction lui a valu des triomphes inattendus.

Comme le conseillait un sage : « Agissez dans la vie comme si c'était un rêve. »

Une autre technique, préconisée par Woody Allen, consiste à imaginer qu'on est « quelqu'un d'autre ». Ainsi libéré du poids des responsabilités et de la peur des conséquences, on peut agir en toute tranquillité d'esprit.

Il est parfois suggéré aux participants, dans les groupes de développement personnel, de se comporter pendant quelques instants de façon diamétralement opposée à leur manière d'être habituelle. Le niveau d'énergie et de vitalité s'élève instantanément de plusieurs degrés. Ce qui démontre, *a contrario*, à quel point nous nous freinons et nous nous limitons par fidélité à une certaine image de nous-même...

Le trac devant la page blanche, la toile vierge

Alors que pour le conférencier, le comédien, le chanteur, le musicien, le danseur, le sportif, etc., le jugement du public, cause essentielle du trac, s'exerce en « temps réel », simultanément à l'action, à la création, ce jugement est décalé dans un avenir aléatoire pour l'écrivain, le compositeur ou le peintre.

Ils n'en sont pas moins sujets au trac. C'est l'angoisse de la page blanche ou de la toile vierge. Ce vide de tous les possibles exerce une fascination paralysante. Le premier mot, le premier trait, la première note inscrits sur cette blancheur engagent l'avenir, restreignent l'infini au profit de l'unique et exigeante réalité de la manifestation de soi. Même indirectement, il s'agit toujours de se montrer. Et derrière l'impuissance qui fige la plume ou le pinceau, se profile le jugement imaginaire des futurs lecteurs, des spectateurs échelonnés sur les siècles à venir. Stendhal, toujours méticuleux, avait ainsi prévu les fluctuations de sa notoriété sur une centaine d'années.

La peur de dessiner est presque aussi répandue que la peur de parler en public. L'Education nationale nous y a, il est vrai, bien préparés. Mais plus fondamentalement c'est la crainte de se manifester, de marquer sa trace et de l'assumer :

« C'est la première collection que je dessine pour moi tout

seul. Avant, je dessinais pour les autres. Impossible de sortir un croquis alors que d'habitude ça vient tout seul. J'étais complètement inhibé. J'en étais parfaitement conscient, et d'autant plus malheureux que la volonté n'a pas de prise sur cet état. »

La plupart des créateurs cherchent simultanément, à travers leur création, à s'exprimer et à se cacher. La peinture fonctionne comme une manifestation et comme un camouflage.

La crainte que la performance ne soit pas à la hauteur des espérances, ou de l'image idéale de soi, rend parfois insupportable l'idée de se réentendre, de se revoir ou de se relire :

« M'entendre, me regarder, ça m'est vraiment très pénible. Je sais que cela pourrait m'aider dans mon travail, mais c'est au-dessus de mes forces. Le traumatisme est trop grand. »

De nombreuses vedettes de cinéma, tel Marlon Brando, rechignent à se voir sur l'écran.

Le photographe déclenche souvent un mouvement de trac analogue, pour autant qu'il va fixer un instant fugitif comme l'expression essentielle de notre être. Nous risquons d'être trahis à tout jamais.

L'œuvre une fois achevée, le trac de la page imprimée, que précède le trac de la correction d'épreuves, de la toile exposée, de la partition interprétée, de la pièce montée, fait pendant au trac de la page blanche. C'est le trac des premières, des vernissages, de la sortie en librairie. Il a un arrière-goût de fatalité. Rien ne peut plus être changé. Or le créateur, lui, a changé, depuis la création et à cause d'elle. Il se sent jugé sur un état antérieur de sa personne.

Il existe une forme de « trac à retardement », qui conduit parfois l'artiste à détruire son œuvre : « Comment ai-je osé exposer “ ça ” au public ? »

3.

LA RENCONTRE AVEC L'AUTRE

La rencontre avec l'autre figure au deuxième rang des circonstances qui déclenchent le trac, derrière la prise de parole en public. Mais pour autant que la prise de parole en public implique la rencontre avec l'autre, on peut légitimement y voir le fondement même du trac.

Selon que la rencontre se situe davantage du côté professionnel ou dans le domaine personnel, on parlera de *trac* ou de *timidité*, sans que la frontière soit d'ailleurs bien délimitée. Les symptômes sont en effet voisins.

La timidité est généralement considérée comme un trait de caractère inné et permanent dont le trac serait la manifestation extérieure révélée dans certaines situations. Bref, la timidité appartiendrait à l'essence, et le trac à l'existence. Sans entrer dans ces considérations, nous prendrons simplement pour trac ce que nos témoins désignent comme tel.

Ils ont le trac, disent-ils :

« Chaque fois que retentit la sonnerie du téléphone. »

« A l'idée de rencontrer quelqu'un. »

« Devant une personne inconnue. »

« Lorsque je dois parler devant une personne que j'estime ou qui m'impressionne. »

« Avant une rencontre amoureuse. »

La concordance des termes et des thèmes renvoit à une expérience première ressentie par tous de façon identique.

Le pouvoir des « autres »

Les autres, ou certains autres, ou l'« autre », disposent sur nous du pouvoir redoutable de susciter le trac.

Nous avons tous vus des petits enfants, à l'approche d'un inconnu souhaitant entrer en contact avec eux, cacher leur visage dans le cou de leur mère ou s'agripper à la jambe de leur père. Au siècle passé, ils se blottissaient dans les jupes de leur grand-mère. Puis, de cette position de parfaite sécurité, s'enhardir jusqu'à lancer un coup d'œil sur l'étranger, et vérifier s'il les regarde, s'il s'intéresse toujours à eux.

Il subsiste dans nos rencontres actuelles quelque chose de ce double mouvement de crainte et de curiosité.

C'est d'abord en tant que regard que l'autre se manifeste à nous. Le trac, nous l'avons vu, est lié au fait de se montrer. Avec la rencontre, l'attention bascule vers le pôle complémentaire : *être regardé.* Quelle *image* allons-nous donner de nous-même ? ou quelles images ? C'est de ces préoccupations que le trac se nourrit surtout pendant l'adolescence, la prépuberté et la puberté.

« J'étais affreusement timide quand j'étais jeune. J'allais de temps en temps dans une surprise-partie, mais je me cachais dans un coin et je rougissais horriblement lorsqu'un garçon m'invitait à danser. J'étais, à vrai dire, convaincue de danser comme une patate. » (Mia Farrow).

Pour bien des gens, cette période se prolonge au-delà de l'adolescence...

L'image du corps

L'angoisse s'attache à l'image du corps. Est-il conforme à ce qu'il devrait être ? Est-il « dans les normes » ? Les enfants, les adolescents se livrent dans le réel et dans l'imaginaire à d'incessantes comparaisons pour vérifier, pour se rassurer.

Une enquête menée il y a quelques années auprès d'adolescents américains a révélé que 90 % d'entre eux estimaient que leur pénis était d'une taille inférieure à la moyenne...

Le trac accompagne les situations où le corps dévêtu va être soumis au regard de l'autre : la plage, le stade, la piscine, etc. Le trac s'attache également au vêtement, selon les mêmes critères de conformité au groupe d'appartenance. Les parents qui imposent leurs goûts vestimentaires aux enfants, sans tenir compte de la mode reconnue dans leur classe d'âge, n'imaginent pas dans quelles affres ils les plongent.

Pour certains, l'ambition suprême est de passer complètement inaperçus, de se fondre dans le groupe, l'anonymat assurant une protection efficace contre le trac.

Un psychosociologue qui a beaucoup étudié le masque et ses effets, Bruno de Panafieu, analyse la façon dont nous protégeons notre image :

« Pour construire mon image sociale, j'ai eu des modèles. Mes parents tout d'abord, dans leur façon d'être, de parler et de se vêtir. Des images glanées dans les livres, les photos d'idoles de la scène et de l'écran ont également contribué, en se surimposant à ma morphologie, à constituer cette façade sociale, faite de bribes et de morceaux, à laquelle je cherche à m'identifier et que je m'efforce de maintenir, soucieux de permanence. Je doute de mon pouvoir d'imposer cette image.

« Une méthode très instinctive, et sans doute la plus ancienne — elle relève de notre cerveau archaïque, reptilien, habile au camouflage —, consiste à protéger l'image en se protégeant la face.

« Cette méthode, nous la pratiquons en permanence dans les endroits publics. Nous sentons un regard se poser sur notre face fragile — les blessures les plus graves sont à la tête et à la face —, et, sur-le-champ, nous l'interceptons d'un geste de la main, du vol d'une mèche de cheveux, d'une grimace ou d'un évitement.

« Parfois, aux mêmes fins, nous avons mis au point un dispositif préventif fixe, fait de mèches dans les yeux, de chapeau à large bord, de lunettes de soleil, de foulard, de moustaches, barbe, pipe et autres journaux quotidiens. »

Jay Stattman, psychothérapeute américain dont l'enfance s'est déroulée dans l'un des quartiers les plus durs et les plus dangereux de Chicago, avait mis au point un moyen magique pour se protéger des risques omniprésents de la rue : il s'était appris à *devenir invisible*. Il lui suffisait pour cela de faire le vide dans son esprit, de feindre de ne plus exister, de s'absenter, de disparaître intérieurement à lui-même en tant que personne, pour que les autres cessent de le voir, et de l'importuner. Il se trouvait si bien, tellement en sécurité dans cet état, qu'il lui était parfois difficile d'émerger de l'invisibilité. Maintenant encore il se surprend à recourir à ce stratagème lorsqu'il se sent menacé. Pour échapper à la pression du regard de l'autre, certains, plus narcissiques ou plus libérés, choisiront la fuite en avant : pour ne pas être *regardés*, position passive, reprenant l'initiative, ils se *montreront*. C'est l'attitude du dandy, et plus près de nous, du punk.

La solution intermédiaire entre l'anonymat et la provocation consiste à imiter une personnalité célèbre, ce qui permet d'être remarqué et protégé à la fois. Ainsi, dans les années soixante rencontrait-on des Brigitte Bardot à tous les coins de rue et sur toutes les plages.

L'incertitude quant aux *usages* sert également de support au trac. « Vais-je savoir me comporter *correctement* dans telle ou telle situation ? » D'où le succès des traités de savoir-vivre.

« *Qui suis-je ?* »

A un niveau plus profond, l'angoisse se porte sur l'essence même de la personne. « Qui suis-je vraiment ? » s'interroge l'adolescent. Milan Kundera décrit cette inquiétude dans un passage de *La Plaisanterie*, en la rattachant au trac :

« Ce dernier visage était-il le vrai ?

« Non pas. Tous étaient vrais : je n'avais pas, à l'instar des hypocrites, un visage authentique et d'autres faux. J'avais plusieurs visages parce que j'étais jeune et que je ne savais pas moi-même qui j'étais et qui je voulais être. (N'empêche que la disproportion existant entre tous ces visages me donnait le trac ; à aucun d'eux je ne collais tout à fait, et derrière eux j'évoluais pataud, à l'aveuglette.) »

« *L'inconnu* »

Cet autre que nous craignons/désirons tant rencontrer, et qui suscite en nous le trac, c'est l'inconnu.

En quoi l'inconnu diffère-t-il des gens connus ? Et pourquoi présente-t-il un tel danger ?

Parce que nous savons que l'inconnu, *du fait même qu'il ne nous connaît pas*, va nous connaître tels que nous sommes vraiment. Son regard, attentif au seul présent, n'est pas obscurci, aveuglé, par tout un passé commun, ni par une attente concernant l'avenir.

Avec ceux que nous connaissons et qui nous connaissent, avec nos proches, de multiples transactions inconscientes ont été négociées, aux termes desquelles nous nous sommes engagés à ne pas voir certaines choses, en contrepartie d'un aveuglement symétrique chez notre partenaire. C'est une condition de survie pour beaucoup de relations.

Un sociologue américain a filmé au ralenti le plus extrême des conversations entre deux personnes. Le film révèle qu'à certains moments, en situation d'écoute, chaque interlocuteur grimace de façon très expressive, pendant une infime fraction de seconde, *et que son vis-à-vis ferme les yeux ou détourne le regard au même instant*, comme s'il voulait éviter à l'autre l'embarras de s'être livré dans la nudité de ses sentiments.

Percé à jour...

L'inconnu donc, du moins tel que nous l'imaginons, détient le pouvoir terrifiant de nous percer à jour, de nous connaître mieux que nous ne nous connaissons nous-même. C'est un pouvoir véritablement divin.

Un enfant à qui l'on avait dit que Dieu voyait tout n'arrivait cependant pas à croire qu'Il pouvait le surveiller à travers le plafond, et cela d'autant moins qu'il y avait trois appartements au-dessus. Il ne faisait jamais de bêtises en plein air.

Que va voir l'autre de son regard pénétrant ? La nudité.

« Je me sens toute nue devant le regard de l'autre. »

Plusieurs très jolies femmes nous ont raconté qu'elles traversaient la rue pour éviter les regards des consommateurs attablés à la terrasse d'un café. La beauté, surtout quand elle n'est pas complètement assumée, est un support du trac.

« Je ne veux pas qu'on me regarde, j'ai peur d'être *démontée.* »

L'ambiguïté du mot est intéressante : être démonté, c'est être décontenancé, troublé, mais aussi analysé, décortiqué jusqu'au moindre ressort. Comme on démonte une horloge, un moteur, pour tout comprendre de leur mécanisme. D'où la peur bien connue devant les « psy », -chologues, -chothérapeutes, -chiatres ou -chanalystes, dont l'œil et l'oreille professionnels percent tous les secrets, même les secrets au second degré, ceux dont le secret est secret.

« A l'idée de venir vous voir, écrit un analysant, j'avais le trac (ventre noué, cœur battant la chamade) comme si j'allais affronter un public, un jury. »

La peur de se découvrir, au double sens de se dénuder et de se trouver, et/ou la peur d'être découvert, se conjugue habituellement avec la peur du jugement, leitmotiv permanent du trac.

La *crainte du silence* ressortit à une problématique analogue. Dans le silence la personne se sent nue, jugée non sur ses manifestations, mais *sur son être*, ce qui est plus fondamentalement désagréable. Elle a l'impression que l'autre attend sa parole, et se décide à dire n'importe quoi, pour boucher le vide. La prise de conscience de la vacuité des propos augmente le trac. Nouveau silence, encore plus angoissé, rompu cette fois par des âneries consternantes. Le silence est l'un des moyens les plus efficaces de déclencher le trac, comme le savent bien les examinateurs sadiques.

Rencontre avec des hommes (ou des femmes) remarquables

Le trac surgit à l'idée de rencontrer des personnes ou des personnages « impressionnants ».

Les autres impressionnent pour des raisons intrinsèques et personnelles, ou extrinsèques et sociales, qui se combinent et s'amplifient mutuellement :

— l'âge, le sexe, la prestance physique, la force, la taille (« Je sais que j'impressionne les autres par ma stature », dit Valéry Giscard d'Estaing, pour qui, à l'évidence, d'autres facteurs entrent également en jeu...), l'énergie, le rayonnement personnel, l'aisance, le naturel, la beauté, la compétence, l'expérience, le courage, le savoir, le talent, le génie, etc., d'une part ;

— l'appartenance sociale, le rang hiérarchique, la position familiale, la profession, la fonction, la fortune, la notoriété, le pouvoir, etc., de l'autre.

Chacun colle l'étiquette d'*impressionnant*, en fonction de son tempérament, de son humeur du moment, de son histoire et de sa culture, sur les personnes de son choix. Pour certains — les grands traqueurs —, tout le monde est terrifiant. Pour d'autres, personne : ils disent « Monsieur le curé » en s'adressant au pape... Selon les cas et les circonstances, certaines professions impressionnent plus que d'autres : avocat, inspecteur des impôts, proviseur, évêque, médecin, gendarme, général, coiffeur ou hôtesse de l'air.

Un chirurgien a le trac quand il opère devant des collègues étrangers. (Le patient, endormi, n'a pas eu le trac...)

Une astrologue devant un psychanalyste :

« Un grand patron de la psychanalyse, mondialement connu, me demande d'établir son thème astrologique. J'ai eu le trac. J'avais peur de raconter n'importe quoi à une personne qui était censée si bien se connaître. Je doutais de moi, de ma capacité d' " analyse ". J'ai à peine préparé son thème avant l'entretien, ce qui n'est pas dans mes habitudes. Je me suis dit qu'il valait mieux improviser, me fier à mon intuition, voir ce qui allait venir. Et cela s'est très bien passé. J'ai eu en face de moi quelqu'un de très vrai, de très humain, qui se posait les mêmes questions que moi (nous étions des quasi-jumeaux). J'ai fait ce thème avec beaucoup d'émotion, et je garde le souvenir d'une rencontre hors du commun. Je crois que le trac m'a rendue très prudente, a renforcé mon attention. Et j'ai dû être très bonne car il m'a dit qu'il reviendrait me voir. Pour moi, j'ai surtout le sentiment d'avoir rencontré un ami. »

Un journaliste devant une navigatrice solitaire :

« J'avais le trac en interviewant Florence Arthaud, parce qu'elle n'avait pas peur de risquer sa vie. »

Un animateur de groupes de formation professionnelle, parfaitement à l'aise lorsqu'il s'agit d'interviewer des célébrités — il les traite comme des « gens normaux », ce qui les surprend et les soulage — ou d'animer des séminaires sur le trac, se retrouve dans ses petits souliers avant un stage de dirigeants de très haut niveau : « Cette fois, je vais me planter... »

Il ne s'est pas planté. Il a même constaté à quel point les présidents avaient le trac.

Ce qui est bien naturel, puisqu'ils ont choisi de *se montrer*, au premier rang.

Les téléspectateurs devant les vedettes du petit écran :

« Les gens n'osent pas venir nous voir à la fin du cours parce que nous sommes des vedettes de la télévision. Les mecs, c'est encore pire. Les hommes aussi ont le trac. » (Véronique et Davina.)

Les vedettes de la télévision devant certains écrivains :

« J'ai éprouvé une angoisse beaucoup plus forte en préparant les entretiens avec Soljenitsyne, Lévi-Strauss ou Marguerite Duras, qu'avant les émissions habituelles » (Bernard Pivot).

La célébrité ne protège pas contre le trac. Marlène Dietrich, dans ses mémoires, *Marlène D.* (Grasset), évoque le trac qu'elle ressent chaque fois qu'elle rencontre une personnalité :

« Je fis la connaissance d'Erich Maria Remarque au Lido de Venise. J'étais venue rendre visite à Josef von Sternberg. Remarque s'approcha de notre table et se présenta. Je faillis m'évanouir. Cela m'arrive encore aujourd'hui quand je rencontre des gens fameux. Je ne m'habituerai jamais à les voir " en chair et en os ". »

Elle rencontre sir Alexander Fleming, l'inventeur de la pénicilline : « Je tremblais de frayeur » ; Giacometti : « Selon ma bonne habitude, je ne pus ouvrir la bouche. Je restai assise, muette. »

Le cadre professionnel fourmille d'occasions de trac, depuis l'entretien d'embauche jusqu'au discours de remerciement pour la médaille du travail, en passant par les demandes d'augmentation, la rencontre avec le patron, le chef de service, le chef de département, le directeur, le président. Un jeune attaché commercial est présenté par son directeur à Jacques Douce, directeur général d'Havas, qui « pesait » à l'époque environ 20 % du chiffre d'affaires de la publicité en France et qui allait devenir son client. Il s'avise brusquement qu'il était sur le point de lui baiser la main, et s'arrête juste à temps.

Dans une situation d'apprentissage, si le maître, le professeur, a trop de prestige, de rayonnement, il arrive que le disciple, l'élève, pris de trac, ait du mal à apprendre. Il songe plus à l'effet qu'il produit qu'à sa tâche.

L'amour

Rencontre avec des hommes et des femmes remarquables ou paraissant tels, rencontre avec le savoir, avec le pouvoir. Il existe un autre type de rencontre, aussi impressionnant, aussi traquant, sinon plus : la rencontre avec la Femme (ou l'Homme), avec l'« Autre », la rencontre avec l'amour.

« J'ai aussi le trac devant les femmes, parce que j'aime les femmes. Je suis très timide devant les femmes. C'est lié à l'enfance. Dès neuf ou dix ans je n'ai jamais été à l'aise avec les dames. Je ressens une difficulté à m'exprimer. Je n'ai pas confiance en moi. Je me sens gauche. » (Maurice Rheims.)

« Le trac/vie, par rapport au trac/théâtre, pour moi, c'est

toujours dans le domaine affectif, amoureux. La " relation ". Avant, c'était fou, je ne pouvais plus marcher, je ne pouvais plus parler, je commençais à être glacé. Je me souviens d'une rencontre dans la cour de l'école où j'ai été obligé de m'asseoir. A chaque fois que j'étais amoureux, ça se passait comme ça. Parfois il me suffisait d'y penser juste pour ressentir à nouveau ces sensations épouvantables. La panique. Le nombre de fois où je prends le téléphone pour appeler, et que je repose l'appareil, parce que j'ai peur. Je ne sais pas vraiment de quoi j'ai peur. Logiquement je sais que je n'ai pas à avoir peur. J'ai peur de ne pas être dans la bonne tonalité par rapport à l'autre, j'ai peur d'être rejeté, de dire des conneries. J'ai peur que ça lâche. J'ai le trac quand je rencontre une femme, une trouille terrible. Je crois que j'ai la trouille parce que j'attends quelque chose. Le trac, c'est *la rencontre avec une attente.* »

Ou l'attente de la rencontre essentielle et révélatrice où l'on est reconnu et non jugé, où l'on peut se montrer dans sa vérité, dans sa nudité, où il n'est plus dangereux d'être regardé, où l'on se reconnaît soi-même parce que l'on est reconnu.

La rencontre qui met fin au trac.

Le trac pour les autres

Il arrive très fréquemment qu'on éprouve le trac pour un autre ou pour des autres.

C'est compréhensible dans le cas d'un auteur ou d'un metteur en scène de théâtre puisqu'ils sont impliqués dans l'action, même s'ils n'y participent pas directement :

« Mon angoisse est beaucoup plus longue que celle des comédiens. Pour eux le trac se manifeste surtout au moment d'entrer sur scène. J'arrive au théâtre cinq heures avant la représentation et j'ai le trac pendant tout le spectacle. »

Les colistiers de Francine Gomez réagissent de la même façon :

« Pendant la campagne, les autres ont souvent eu le trac pour moi. Je déteste raconter deux fois la même histoire, alors j'improvise. Là, les autres ont peur : " Que va-t-elle nous sortir ? " C'est comme au cirque, les trapézistes, c'est nous qui avons peur pour eux. »

Le trac pour les autres donne du sel au spectacle. Fondé sur la sympathie, il garantit notre participation et notre émotion :

« J'ai le trac pour les autres. Quand je vois un spectacle en direct j'ai peur, pour lui, que l'acteur ne connaisse pas bien son rôle.

« En sport, j'ai eu peur pour le sauteur à la perche (j'aime bien quand les Français gagnent...).

« Quand j'ai vu les ballets de Carolyn Carlson, j'ai eu peur qu'elle n'ait pas le succès que moi je lui accordais. Je voulais un succès total par rapport à ma propre émotion. »

Le bon public, c'est celui qui a le trac pour les acteurs.

Le processus de projection (se mettre à la place de) apparaît nettement dans ce témoignage, hors spectacle, d'un cadre commercial :

« J'ai le trac pour les autres, et pas pour moi. Je suis un très mauvais participant à des réunions ou conférences : je suis malade pour l'orateur ou le présentateur, comme si j'étais moi-même l'acteur. »

C'est probablement parce qu'il refuse de reconnaître le trac pour lui-même qu'il imagine avec autant de ferveur le trac des autres : en fait il s'agit du sien propre.

L'empathie est d'autant plus forte que des liens plus étroits vous attachent à l'acteur :

« Je vis les angoisses les plus fortes lorsque mon mari, pianiste, est en train de jouer. J'imagine le trou de mémoire, les fausses notes, l'échec lamentable, son humiliation. Plusieurs fois j'ai dû quitter la salle de concert. Le trac est beaucoup plus fort que lorsque je suis moi-même sur scène. »

De même Monique Pivot :

« A la première émission de Bernard, " Ouvrez les guillemets ", en 1973, sur la première chaîne, quand je l'ai vu apparaître sur l'écran, je me suis dit : " Jamais, jamais, je ne pourrais être à sa place. " J'avais un trac horrible pour lui. Après, j'ai su qu'il l'avait eu lui aussi. Mais il avait fait l'effort d'y aller. A sa place, je n'aurais pas pu sortir un son. Le problème, c'est que j'avais beaucoup plus le temps d'y penser que lui, pris qu'il était par la préparation et par l'action. En outre, il n'avait plus le choix. »

Passons de l'autre côté des caméras pour connaître le vécu du principal intéressé, Bernard Pivot :

« Je n'étais passé qu'une fois à la télévision avant cette émission. Je me suis lancé en direct. Je ne pense pas que j'aurais jamais un trac plus énorme que celui que j'ai eu ce soir-là. Les semaines qui ont précédé l'émission, j'avais conscience de la difficulté de ce que je devrais faire, mais j'étais porté par l'enthousiasme. Plus la date de l'émission approchait, plus je sentais monter en moi l'angoisse. Quand je suis arrivé sur le plateau à 17 h 30 — l'émission commençait à 21 h 30 —, quand j'ai pris conscience de ce que je devais dire, et surtout de ce que je ne devais pas dire, j'ai été absolument paniqué. Ce n'était plus une simple angoisse, mais une panique totale. Panique dans la tête et dans le corps. Si bien que dans les cinq minutes qui ont précédé l'émission, j'avais les jambes qui tremblaient, j'étais complètement en nage, la chemise mouillée de sueur, et je sentais le froid sur l'échine. C'était vraiment effrayant. Il me semblait que j'allais non pas mourir, mais m'évanouir, que je ne pourrais pas parler et que cela allait être affreux. D'un seul coup je me suis vu sur l'écran, j'ai parlé, les sons sont sortis et tout le trac a été oublié. Dès que je suis entré dans l'action, cela a été fini. Je n'ai pas " oublié " la télévision — on ne l'oublie jamais —, mais il me semble qu'un autre moi-même avait pris les commandes. C'était bien entendu toujours moi. S'il n'y avait pas eu ce miracle je ne crois pas que j'aurais pu faire l'émission. Je n'étais pas aussi à l'aise que je le suis maintenant, mais le lendemain, tout le monde m'a dit que je donnais l'impression d'avoir toujours fait de la télévision. »

Les épouses des présidents de la République peuvent connaître les mêmes angoisses. Ainsi, Claude Pompidou :

« La seule fois où j'ai ressenti le trac, c'est au moment des conférences de presse de mon mari. De même que j'ai le vertige pour des gens qui sont au bord d'un abîme, plus que pour moi-même, j'avais un trac fou pour lui. J'étais très angoissée, la boule à l'estomac, mal à la tête. J'avais peur qu'il soit pris de court. Mais, comme beaucoup de normaliens, il avait réponse à tout. »

Dans la projection pure il arrive qu'on éprouve un trac intense pour quelqu'un qui se sent parfaitement à l'aise. Mais dans la majorité des cas, la projection se conjugue avec la contagion : le trac *par* l'autre mêlé au trac *pour* l'autre. L'un des Compagnons de la chanson a évoqué pour nous les tracs collectifs qui débouchaient sur des fous rires incontrôlables.

On sait combien ces phénomènes de contagion paralysante sont fréquents dans le domaine sportif, où ils peuvent terrasser une équipe.

Il en est de même chez les musiciens :

« Le trac est contagieux. Je le ressens jusqu'à la panique lorsque je joue avec un partenaire auquel je suis lié par une complicité émotionnelle profonde. Par contre, lorsque je joue avec un pianiste " froid ", j'échappe au trac. » (Raphael Oleg.)

Une interprète de conférences analyse avec précision les mécanismes de la transmission du trac :

« Pour nous, un orateur qui a le trac, c'est très fatigant, parce que le trac est contagieux. Ça passe par la respiration. Un orateur qui a très peur se met à respirer de façon complètement absurde et anarchique. Comme nous sommes déjà tendus, par exemple parce que le sujet est compliqué, nous devons veiller attentivement à ne pas adopter le rythme respiratoire de l'autre. Sinon nous finissons exténués, bouffés par son trac.

« Dans un congrès, je me suis rendu compte que je ne respirais plus. Dans notre métier il est essentiel de comprendre avec le plus d'avance possible, si bien que nous nous " branchons " sur l'orateur. Nous sommes tellement " branchés " sur son cerveau que nous devenons comme lui. Et nous respirons donc comme lui. Chacun a ses trucs pour se protéger. Lorsque je m'aperçois que je me penche de plus en plus vers la vitre et que j'avale littéralement le micro, je sais que je suis en train de me faire bouffer. Alors je me dis " Arrête ", je me recule, je respire un bon coup, à mon rythme, je me cale dans ma chaise, j'enlève mes godasses, je change la position de mes jambes et je me mets en biais par rapport au micro et surtout par rapport à la " ligne directe " avec l'orateur. Je coupe la ligne. C'est physique. La parade, c'est de s'éloigner, mais il faut du courage pour le faire. Il faut à tout prix retrouver sa neutralité. »

Ces conseils sont applicables, en dehors du trac, dans toutes les circonstances où l'on craint d'être « embarqué » par l'autre dans un état émotionnel qui ne vous concerne pas et qui ne vous convient pas.

4.

FONCTIONS POSITIVES DU TRAC

Constatant les inconvénients, les désagréments, les dégâts, les ravages, que provoque le trac, on serait tenté de chercher à l'exterminer, pour arracher ses malheureuses victimes à son emprise redoutable.

Mais la majorité des traqueurs, ô surprise, plaident le sursis, en établissant une distinction, subtile, entre le bon trac et le mauvais trac :

« Le bon trac, même s'il me donne envie de vomir, me galvanise littéralement. Le mauvais trac paralyse. »

« On travaille bien avec un certain trac. Il y a trac et trac : le trac qui paralyse et le trac qui stimule. »

« Il y a le vrai trac et le faux trac. Le faux trac, c'est du cinéma que l'on se fait à soi-même. C'est presque une sensation agréable. On joue à se faire peur. Pour être bon, il faut se créer un soupçon d'inquiétude. »

Si pour certains le trac apparaît comme une véritable calamité, qui les persécute dans toutes les circonstances de la vie :

« Je le rencontre chaque fois que je dois prendre une décision, entreprendre une action, affronter quelqu'un, quand j'entends la sonnerie du téléphone, avant de prendre le train, avant un rendez-vous important quand je me trouve en situation d'attente. J'ai envie de fuir. »

Pour la plupart il présente des aspects favorables. C'est une question de dosage.

« Le trac est nécessaire quand il est injecté à petites doses. »

Il convient donc de considérer le trac comme une *fonction*, positive lorsqu'elle se situe entre certaines limites, négative au-delà ou en deçà.

L'évocation des « opposés » du trac : aisance, assurance, naturel, impétuosité, culot, mais aussi faconde, désinvolture, insouciance, outrecuidance ou fanatisme, aide à prendre conscience de la diversité de ses aspects qui s'échelonnent du très favorable au désastreux, de l'enthousiasme à la paralysie. Plutôt que de s'efforcer de l'extirper, il faut songer à *apprivoiser* le trac, en choisissant la voie du milieu, celle de la sagesse :

« Le trac est comme un chat : il vient quand il veut, il part quand il veut, il ronronne si on le caresse, il griffe si on le prend à rebrousse-poil. »

« Le trac est une émotion qui me permet de vivre l'ici et maintenant, d'éviter la banalisation, et de lutter contre la routine ; c'est donc une émotion très subtile, dynamisante, juste milieu entre la peur paralysante et le " je m'en foutisme " désinvolte. J'aime avoir le trac : c'est un signal pour moi d'humanité. »

Comme l'exprime Maurice Rheims :

« Le trac est une manifestation de jeunesse et de fraîcheur d'âme. »

S'immobiliser, fuir ou combattre, « freeze, fight or flight », telles sont les réactions primaires de l'animal ou de l'homme devant le danger.

Dans ses manifestations extrêmes, le trac débouche sur la paralysie, ou déclenche le vieux réflexe de fuite.

Dans sa version adaptée, il prépare à l'action, à la lutte, il éveille les sens, et l'attention, il mobilise les forces, grâce à la décharge d'adrénaline et aux réactions hormonales dans l'organisme.

« On a toujours un peu le trac, même si ça ne dure que deux secondes. Le trac positif, qui donne de l'énergie, c'est formidable ! »

« Il vaut mieux commencer dans l'angoisse et l'excitation que dans l'atonie générale de l'esprit et du corps en se disant " Tout ira bien ". C'est comme une décharge électrique qui vous donne du tonus au démarrage. Tant que je ferai des émissions, je sais que je connaîtrai cette minute d'angoisse entre le moment où l'on n'est pas vu et le moment où l'on est vu, entre le moment où l'on n'est pas jugé et le moment où l'on est jugé, entre le moment où l'on peut dire des bêtises et le moment où l'on ne peut plus en dire. » (Bernard Pivot.)

Les comédiens, parmi les plus grands, tel Louis Jouvet, connaissent bien les effets bénéfiques du trac :

« Le trac est un adjuvant, une sorte de préparation à l'anesthésie scénique, à l'inspiration, pour accueillir la grâce sans laquelle il n'y a pas de grand comédien. »

Partant de là, beaucoup hésitent à entreprendre une action « anti-trac » :

« Si la question n'est pas vitale, je ne suis pas sûre de lutter contre le trac. Je peux même m'inquiéter de ne pas le retrouver dans des circonstances similaires à celles où il m'avait tenaillée, et où cela avait bien marché. J'en connais les vertus paradoxalement dynamisantes. »

« Je n'ai pas de recette contre le trac : je n'ai pas envie de le faire passer. » (Pierre Bellemare.)

Certains cherchent même parfois à susciter le trac :

« L'angoisse est le nerf de la vie. Elle est nécessaire à la création. Lors d'une répétition générale ou d'une présentation de collection, on crée le trac pour stimuler la tension. »

La contre-épreuve confirme la valeur stimulante et tonique du trac. L'abus de la relaxation et de la détente émousse l'esprit de compétition chez les sportifs de haut niveau. Les comédiens dépourvus de trac ennuient et endorment l'auditoire. De nombreux téléspectateurs regrettent l'époque des dramatiques en direct : le risque donnait au jeu des acteurs une intensité que l'enregistrement a tendance à gommer.

Le trac manifeste l'importance qu'on accorde à l'événement et au public. C'est une réaction flatteuse à son endroit, une marque de respect. Les hommes politiques en sont parfaitement conscients :

« Il y a un public qui attend quelque chose, et il faut que je lui donne ce qu'il attend de moi. Pour être bon, il faut que j'aie envie de réussir mon rôle. Un peu comme au théâtre. » (François Léotard.)

Ce sentiment de respect a tendance à s'amplifier au fur et à mesure que l'artiste s'affirme dans son art :

« A quatorze ans, on n'a pas le trac, parce que l'on n'a pas encore pris conscience de l'importance de l'enjeu, de la responsabilité envers l'œuvre, envers le public. » (Catherine Collard, pianiste.)

« J'ai de plus en plus le trac, parce que, plus ça va, plus on a de responsabilités vis-à-vis du public. » (Edith Piaf.)

Le dépassement de soi

Le trac apparaît comme un facteur de prise de conscience et un ferment de développement personnel. « Le trac, c'est la conscience », a dit Sacha Guitry. Il n'y a pas beaucoup d'espoir de progrès pour les médiocres que le trac n'incite pas à se mettre en question. Le doute sur soi, l'incertitude quant à ses capacités conduisent à dépasser ses limites.

Sur ce point Jacques Chirac rejoint Ludmilla Tcherina :

« Peut-on lutter contre le trac ? Non, absolument pas, il faut se laisser porter. Je crois en outre que le trac apporte quelque chose de très important. D'abord le doute sur soi-même, ce qui est excellent, un désir d'aller plus loin, parce que l'on se dit “ Je ne serai pas prête, je ne serai pas bonne ” ; alors, on se force, on va plus loin, plus fort. Je crois que l'on se dépasse à cause du trac, je crois qu'au fond, le trac est une forme de dépassement. »

« Je ne suis pas sûr que le trac soit forcément une mauvaise chose. C'est un stimulant qui oblige à se dépasser. Celui qui n'a pas le trac est comme un inconscient, tandis que ceux qui ont le trac sont obligés de s'affirmer eux-mêmes avec une qualité exceptionnelle. Je suis toujours étonné que de très grands acteurs aient le trac et disent l'avoir encore et toujours. C'est très frappant. » (Jacques Chirac.)

Le trac est « autocorrecteur » : il oblige à faire attention, à mieux se préparer, d'où une diminution possible du trac lors d'une prochaine occasion. Il enseigne également l'humilité, comme en témoignent Monique Pivot, Michel Meignant et Jacques Chirac :

« Lors de la sortie du livre que j'ai écrit avec Michel Drucker sur le football, j'ai dû pour la première fois faire face aux micros et aux caméras. Il a fallu que je triomphe de moi-même. Cela a été pour moi un très bon exercice.

Le trac, c'est quelque chose de plus noble que la timidité. C'est un instant d'humilité où l'on se dit : “ Il faut que je sois à la hauteur. ” C'est le contraire de la vanité. Il peut servir à “ moduler la vanité ”. »

« Le trac développe des qualités de justesse d'évaluation de soi-même. Les personnes qui ont atteint un certain degré de conscience et d'humilité se préparent consciencieusement et respectent les autres. Elles acceptent aussi de se tromper. »

« Le trac, c'est la preuve d'une certaine qualité intellectuelle et morale qui conduit à rechercher la perfection. Une preuve d'honnêteté, ne pas vouloir tromper. »

Attendrir le public

Une autre fonction positive du trac — mais il s'agit là plutôt d'un « bénéfice secondaire », pour autant qu'il est formellement déconseillé d'y avoir recours volontairement —, c'est d'attendrir le public :

« Un peu de trac vous aide à vous rendre sympathique auprès du public. Mais il ne faut pas dépasser les limites. Si les gens ont peur pour vous, s'ils se demandent : " Va-t-elle arriver jusqu'au bout ? ", cela ne va plus du tout. Le public ne doit pas souffrir. Il faut savoir rester professionnel. » (Brigitte Simonetta.)

Les réactions bienveillantes des spectateurs sont d'autant plus vives quand l'émotion se conjugue avec le trac :

« J'ai vu défiler à " Apostrophes " toute la gamme des états d'âme, depuis la décontraction la plus totale jusqu'à l'angoisse la plus effrayante.

« S'il est vrai que les gens décontractés passent en général très bien à l'écran, l'excès de décontraction, frisant la désinvolture, suscite l'hostilité des téléspectateurs.

« A l'inverse, des gens très angoissés, qui auraient dû être mauvais ou peu convaincants, bénéficient de leur angoisse, qui leur donne un ton de vérité et transmet leur passion d'écrire.

« Ainsi Sylvie Kastler, bouleversée par l'émotion, n'a pu parler que deux ou trois minutes, ce qui est très peu, avant de fondre en larmes. Son message est pourtant parfaitement passé. » (Bernard Pivot.)

Et l'on raconte que le lendemain son livre s'est arraché chez les libraires.

Wolinski, à la veille de participer lui aussi à « Apostrophes », exploite à sa façon le thème de l'attendrissement du public :

« Plus tu as l'air coincé, pathétique, bloqué, pitoyable, usé, malheureux, sincère, amnésique, flipé, paralysé, constipé, mal à l'aise... plus ça plaît aux gens. Regarde Modiano, il en sort pas une, les gens adorent. C'est ta gueule qui compte, pas ton talent ni les conneries que tu peux raconter. Alors, compris ? Fais dans ton froc ! Tu vendras un max [1]. »

Le trac serait-il, entre autres, un moyen, assurément inconscient, d'attirer sur soi l'attention des autres ? Le plaisir avec lequel la plupart de ses victimes parlent de leur trac tendrait à le confirmer.

1. *Nouvel Observateur*, 1er juin 1984.

5.

APPRIVOISER LE TRAC

La préparation

La peur devant l'imprévu, l'inconnu, l'inattendu, est l'une des manifestations les plus fréquentes du trac. Tout ce qui réduit ce vide, ce gouffre, contribue à atténuer la peur.

La préparation s'applique d'abord à la tâche. Elle porte également sur les relations à soi-même et avec les autres. Elle se développe dans le temps, depuis l'annonce ou la prise de décision concernant l'événement redouté, jusqu'à l'épreuve elle-même, sans oublier ses prolongements, qui souvent amorcent le travail suivant. Elle prend en compte de nombreux facteurs : spirituel, mental, psychologique, corporel et physiologique, matériel et technique.

Sur l'importance de la préparation en tant que remède au trac, tous les témoignages concordent :

« Je prévois tout ce qui est prévisible. J'apprends par cœur et je profite de toutes les occasions pour m'entraîner. Je dois pouvoir prendre mon texte à n'importe quel endroit, et enchaîner immédiatement. Je dois même pouvoir enchaîner à l'envers. Alors, je n'ai plus le trac. »

« Etre bien préparé permet de mieux faire face à l'inévitable imprévu. Si l'accident se produit alors qu'on est parfaitement sûr de son affaire, il sera beaucoup moins grave ; on mettra moins de temps à récupérer. Une bonne préparation permet même d'utiliser positivement l'inattendu : on est libre d'improviser. »

« La préparation joue énormément. Après, arrive ce qui arrive. Parfois on met tous les atouts de son côté, et on perd quand même... »

François Mitterrand commence à préparer ses interventions à la télévision trois mois à l'avance. Son ministre Gaston Defferre procède de façon analogue :

« Mon avantage, c'est d'être très travailleur et de bien préparer mes dossiers. C'est ce qui me donne de l'assurance, et me permet, parfois, de dominer des adversaires même plus doués que moi.

« Déjà, étudiant, je travaillais beaucoup. Il m'arrivait de me lever à 3 ou 4 heures du matin pour réviser. J'abordais les examens, même l'oral, avec une certaine tranquillité.

« L'essentiel, c'est de bien connaître son sujet. Je trouve plus efficace de préparer à fond mes dossiers que de faire des répétitions devant la caméra. Le fond prime la forme. »

Ceux qui, tel Jacques Chirac, négligent certains aspects de la préparation avouent le regretter parfois :

« La préparation ? Pour une réunion publique je ne me prépare pas, je suis tellement conditionné. Pour les débats télévisés je prépare le fond et pas la forme — ce qui est une faiblesse et un tort. Je ne prépare que les éléments de connaissance techniques et politiques —, je cherche des éléments de réponse à des questions que l'on pourrait me poser, mais je ne me prépare jamais sur le plan de la forme. J'ai tort. Je le sais. Le fait de ne pas me préparer fait que j'y vais avec une certaine inconscience.

« Je passe de trois à quatre heures à préparer le fond. On me dit que Giscard y consacre deux jours. Il réussit mieux que moi. Il est très bon. »

Bref, un maximum de préparation pour un minimum de trac.

Dans la première phase de la préparation, lorsqu'il s'agit de création, il est essentiel de laisser libre cours à son imagination, d'accepter tout ce qui surgit, en veillant attentivement à ce que la crainte du jugement à venir ne vous crispe et vous paralyse avant l'heure. Les techniques de créativité vous enseignent à éviter dans un premier temps les critiques et la négativité en général. Si vous prenez plaisir à créer, il subsistera quelque chose de cette joie au moment de la manifestation publique, et la joie est un antidote puissant contre le trac.

Commencer très tôt la préparation présente de nombreux avantages : se ménager une marge de sécurité suffisante pour faire le travail à fond, éviter ou réduire la période de tension désagréable et démoralisante où l'on se demande si l'on va commencer aujourd'hui, cet après-midi, demain ou peut-être plus tard, et permettre à l'inconscient, mobilisé par votre détermination, d'œuvrer en votre faveur, en particulier pendant le sommeil.

Maurice Rheims met l'accent sur ce plongeon immédiat dans l'action :

« Maintenant j'ai mes trucs : je dois par exemple écrire un article pour *Le Nouvel Observateur*. C'est un texte assez difficile. On m'a prévenu hier matin et je dois le livrer mercredi au plus tard. Il était terminé le soir même. Deux heures après le coup de fil, les grandes lignes étaient déjà tracées. Mais je savais que j'allais le refaire deux ou trois fois avant de le remettre. Il me faut trois fois et demie le temps nécessaire. Ainsi pour un roman de trois cent cinquante pages, je dois écrire trois fois trois cent cinquante pages. Je ne m'affole plus. »

Valéry Giscard d'Estaing procède de façon analogue lorsqu'il se prépare pour une émission à la télévision :

« Mon arme contre le trac ? La concentration. Je n'ai vraiment plus le trac grâce à une préparation longue et minutieuse. C'est une habitude. Je ne laisse rien au hasard. Dès que j'accepte une émission, j'y réfléchis tout de suite. Première chose : se mettre les schémas en tête, demander des articles, des fiches, tous les éléments. Je prépare moi-même, passe en revue toutes les questions qui peuvent m'être posées. »

Marie-Hélène Descamps, son attachée de presse, fournit quelques compléments d'information sur la méthode de Valéry Giscard d'Estaing :

« Il s'entraîne comme un sportif. Deux jours avant, il arrête tout. Il part à la campagne et il marche beaucoup en réfléchissant. Il téléphone de temps en temps pour avoir d'autres détails, chiffres, précisions en tout genre. Il fait des efforts énormes à la préparation. Il a toujours eu une certaine facilité, mais il est très perfectionniste.

« Valéry Giscard d'Estaing n'apporte jamais des documents détaillés. Il va à l'émission avec juste une chemise cartonnée qui contient un article ou quelques citations qu'il pense utiliser dans l'émission. »

Les livres, les documents servent souvent à d'autres de barrière contre le trac :

« Je me sens plus tranquille avec des notes, un schéma de mon exposé, et une bonne douzaine de livres. »

Le savoir accumulé par les autres, l'autorité des pères ou des pairs fonctionnent comme des boucliers anti-trac en vous déchargeant d'une partie de votre responsabilité. On se sent « couvert ».

La documentation préalable fournit aux interprètes un bain nourricier :

« Contre le trac, il est bon d'avoir des documents. S'il y en a une tonne on ne peut pas tout absorber, mais l'on s'y plonge et ça nous prépare mentalement. On se fait un schéma imaginaire. Il y a tout un côté psychologique dans la préparation. Ainsi on peut affronter la salle avec un trac " négociable ". »

La répétition

Après cette mise en condition, la *répétition* apparaît, dans de multiples domaines, comme un facteur essentiel de la préparation :

« La bonne préparation est physique, mentale et technique. Comme le danseur doit connaître la chorégraphie du ballet qu'il va danser, et qu'il a répété et répété afin de sentir intérieurement que tout va bien se passer, et afin de connaître tous les aspects de la scène sur laquelle le spectacle va se dérouler, l'orateur doit savoir avec précision ce qu'il a à dire, à faire, devant qui et où. Il doit s'entraîner comme un sportif avant le match. »

Parler en public peut effectivement être assimilé à un sport. Il est bon de s'entraîner en toute circonstance. Magnétophones et magnétoscopes permettent de s'entendre et de se voir comme les autres vous entendent et vous voient. C'est pour beaucoup une épreuve redoutable et qui donne un avant-goût de trac. Certains préfèrent dormir sur leurs illusions et protéger leur image idéale du moi du choc abrupt de la réalité. Mieux vaut, pourtant, l'encaisser à huis clos que par l'entremise du public...

Avant d'aborder le grand public on peut aussi vérifier l'impact de sa communication, et apprivoiser son trac, devant quelques amis, en leur demandant de ne pas ménager leurs critiques.

C'est évidemment dans le domaine du spectacle que la répétition joue à plein son office. Indispensable à la préparation de l'œuvre, elle fonctionne également en tant que préventif du trac :

« Le travail très technique et poussé dans les répétitions donne une ossature et réduit le trac. La préparation est parfois fastidieuse, mais elle donne une base de sécurité. Il reste un peu d'angoisse, mais pas de panique. »

Un metteur en scène apporte une précision d'ordre historique :

« Le trac est moins intense chez les comédiens aujourd'hui. Ils sont plus conscients, mieux préparés techniquement. On est sorti des " états d'âme ". »

« Le trac, affirme Michel Blanc, c'est démodé. Il y a quarante ans, on en parlait beaucoup, moins maintenant. Les jeunes comédiens n'entretiennent plus cette mythologie. Aujourd'hui ils ont tendance à penser qu'ils sont comme tout le monde. Cela permet de dédramatiser la situation. »

Le travail de préparation et de répétition de Peter Brook, exemplaire sur le plan du spectacle, dans ses effets, atténue considérablement l'emprise du trac chez les comédiens. Tel qu'on peut en juger d'après l'émission consacrée à la mise en place de *Carmen* (Antenne 2, décembre 83), il concilie une imprégnation profonde et progressive de tous les éléments de l'œuvre (trame, personnages, livret, musique, chant, etc.) par les comédiens-chanteurs, et une disponibilité entière aux autres, au public et à l'imprévu. Il leur demande par exemple de chanter tout en feignant de manœuvrer un standard téléphonique imaginaire ; ou, tout en chantant leur rôle, de répondre aux questions absurdes d'un comparse, en imitant de surcroît les gestes et les mimiques d'un troisième. Dans un temps et un espace ainsi démultipliés par l'attention, le trac, qui affectionne l'étriqué, meurt d'un excès de liberté.

Le pianiste Bruno Rigutto évoque le travail de préparation mené par Fassina :

« Chez Fassina [...] on gagne de la puissance tout en

apprenant à économiser son énergie. Par le côté répétitif et la lenteur dans le travail, on se débarrasse totalement du trac. C'est une sorte de thérapeutique, souveraine contre les crispations [1]. »

Jean Fassina tient compte dans son travail de l'angoisse de l'artiste :

« Il y a des choses qu'on ne maîtrise pas, même sur une estrade. Les artistes sont angoissés par l'importance de leur métier : quand ça ne marche pas, ils sombrent dans le désarroi. Au fond de chaque artiste, il y a des doutes. [...] Les pianistes de l'Est commencent logiquement par apprendre la physiologie du corps, la respiration, la concentration, la relaxation [2]. »

Yves Furet, l'un des pionniers des séminaires d'expression orale, nous a communiqué un texte du philosophe Alain :

« Comment expliquer qu'un pianiste, qui croit mourir de peur en entrant sur scène, soit immédiatement guéri dès qu'il joue ? On dira qu'il ne pense plus à avoir peur, et c'est vrai ; mais j'aime mieux réfléchir plus près de la peur elle-même, et comprendre que l'artiste secoue sa peur et la défait par ces souples mouvements des doigts. Car, comme tout se tient dans notre machine, les doigts ne peuvent être déliés si la poitrine ne l'est aussi ; la souplesse, comme la raideur, envahit tout ; et dans ce corps bien gouverné, la peur ne peut plus être. Le vrai chant et la vraie éloquence ne rassurent pas moins, par ce travail mesuré qui est alors imposé à tous les muscles. Chose remarquable et trop peu remarquée, ce n'est point la pensée qui nous délivre des passions, mais c'est plutôt l'action qui nous délivre. On ne pense point comme on veut ; mais quand les actions sont assez familières, quand les muscles sont dressés et assouplis par gymnastique, on agit comme on veut. Dans les moments d'anxiété, n'essayez

1. *Le Monde de la musique*, janvier 1984.
2. *Ibid.*

point de raisonner, car votre raisonnement se tournera en pointes contre vous-même ; mais plutôt, essayez ces élévations et flexions des bras que l'on apprend maintenant dans toutes les écoles ; le résultat vous étonnera. Ainsi, le maître de philosophie vous renvoie au maître de gymnastique. »

Dans le secteur de l'audiovisuel, Christine Ockrent, parangon du professionnalisme, jouit, ou pâlit, de la réputation de ne jamais connaître le trac. Elle devrait ce privilège à la qualité de sa préparation :

« Pour moi, le télé, c'est un outil. Il y a la familiarité avec les objets, les notes sur la table, les caméras, etc. Et puis je ne suis pas seule... Le plateau est plein de monde. Ça discute, ça bavarde en douce, ça fait des grimaces, parfois des farces... Non, aucun trac. C'est comme si vous demandiez à un menuisier s'il a peur du bois. Je sais bien que Zitrone, par exemple, avait la frousse, chaque jour, et exigeait que tout soit prêt à 5 heures pour les 8 heures. Moi, non. Affaire de tempérament. »

La concentration

Une telle préparation exige beaucoup de concentration, d'énergie et de volonté.

« Si je n'ai pas le trac, explique un cadre commercial dynamique, c'est que j'ai une énorme capacité à me motiver et à me mobiliser. Je me mets complètement dans le coup. J'ai une faculté de préparation mentale positive très forte. Il ne faut pas être complaisant avec soi-même ; il ne faut jamais lâcher prise ; il faut décider : “ Je n'ai pas le trac. ” (Cela n'empêche pas la bonne préparation du sujet.) »

« Il y avait un violoniste russe, devenu très célèbre depuis, qui lui, n'avait aucun trac, mais pas un brin de trac. Tous ces gens de l'Est, en particulier les Russes, RIEN. Pas un muscle sur leur visage ne bouge. On leur apprend non seulement à jouer du violon et à se tenir bien, mais également la maîtrise de soi. »

« Les Japonais sont élevés à être impassibles — on ne voit jamais qu'ils ont le trac. Mes deux élèves japonaises n'admettront jamais qu'elles ont le trac. Ça ne se fait pas. » (Catherine Courtois.)

Une jeune Japonaise, qui a passé brillamment de nombreux examens pour devenir guide en France, considère que la volonté est le seul remède efficace contre le trac des concours. Son entourage la complimente sur ses succès : « Comme tu as de la chance ! » Elle s'indigne : « Ce n'est pas la chance mais la volonté. Je travaillais jusqu'à 5 heures du matin. » Différence de culture ? Pas forcément, puisqu'on trouve les mêmes accents chez une animatrice française :

« J'essaie de respirer, mais c'est surtout dans ma tête que j'essaie de me calmer. Je me concentre, je concentre toute mon énergie. La concentration est la chose la plus précieuse du monde. Grâce à elle, on peut tout surmonter. C'est le meilleur moyen de lutter contre le trac. »

« Alain Prost, cinq minutes avant le départ, s'isole et, devant son volant, oublie tout : états d'âme, rancunes, peurs, hantises, pour se consacrer à la course [1]. »

« Le trac est lié au manque de concentration, de conviction, d'envie, d'élan, c'est une forme de “ refus de l'obstacle ”. Lorsqu'on est vraiment concentré, conscient de ses responsabilités vis-à-vis des compositeurs qu'on interprète, de la musique, du public, le trac disparaît. » (Raphael Oleg, violoniste.)

« Un trait de mon caractère, c'est d'être un gagneur ; je suis terriblement motivé par le challenge. C'est probable-

1. *L'Express*, novembre 1984.

ment ce qui m'a permis de dominer mon trac. » (Michel Giraud.)

L'énervement, le manque de sommeil, la mauvaise forme physique constituent des obstacles à la concentration. Un piège plus sournois peut être l'excès de concentration : il faut mobiliser l'énergie nécessaire, mais pas plus. Sinon, comme c'est le cas pour le Penseur de Rodin, si tendu que le sang n'irrigue plus son cerveau, la crispation l'emportera sur la concentration, au bénéfice du trac. Il faut veiller également à se concentrer sur la tâche à accomplir, sur la préparation, plutôt que sur la lutte contre le trac, cet ennemi :

« Il y a toujours un rapport de forces entre le trac et soi. Si vous le laissez prendre du terrain, il deviendra plus fort. On a l'impression que c'est une force extérieure, une forme de fatalité. »

Lutter contre le mal aboutit le plus souvent à le renforcer. Le « Livre des Transformations », le *Yi King*, quarante siècles après, nous fournit à cet égard de précieux conseils :

« [...] Les armes du mal s'émoussent d'elles-mêmes quand elles ne trouvent pas d'adversaires. Et même nos propres défauts ne doivent pas être combattus directement. Tant que nous luttons contre eux, ils demeurent victorieux. La meilleure manière de combattre le mal, c'est un progrès énergique dans le bien. » (Commentaire du quarante-troisième hexagramme, la Résolution, la Percée.)

Le trac fait partie de nous, c'est un aspect de nous-même. Si nous le combattons avec violence, nous accentuons la coupure qui nous divise, qui nous sépare de nous-même, la coupure qui, justement, *est* le trac.

Raisonner : « Je me dis... »

La plupart des victimes du trac utilisent heureusement des techniques plus douces :

« On *négocie* avec son trac. »

« Il faut *accommoder* le trac à soi-même. »

« Il ne faut pas se laisser envahir par le trac. Mieux on se contrôle, mieux on le contrôle. »

Si l'on ne peut vaincre le trac, essayons de le *raisonner*, de se raisonner. Cette approche, pleine d'humilité, donne souvent de bons résultats :

« Je me sens le plus souvent impuissante devant le trac. J'essaie pourtant de me raisonner en me disant que le danger est irréel. »

« Je me dis : " Ça n'engage pas l'avenir du monde. Il faut faire preuve d'humilité et se dire que ça ira mieux la prochaine fois. " »

« Remède psychologique : je me dis : " En général, ça marche. Il n'y a pas de raison pour que ça ne marche pas cette fois-ci. " J'essaie de me conforter, de me convaincre moi-même. »

« En me relaxant et en respirant profondément, je me dis : " C'est mieux que bien, c'est en train de se faire. " Je pense que tout le monde connaît cette sensation et que je peux la surmonter ; qu'il suffit que je développe mon énergie intérieure pour acquérir un peu plus de confiance en moi ; et que je dois admettre mes limites. »

« Je me dis dans la tête : " Je ne veux pas avoir le trac ", et ça marche. Le docteur Coué avait raison : On peut se convaincre soi-même. »

Le pouvoir de l'autopersuasion permet parfois de redresser des situations beaucoup plus rudes que celles occassionnées par le trac. Ainsi le coureur automobile Nicky Lauda [1].

« Trente-huit jours après l'accident qui a failli vous coûter la vie, vous repreniez le volant. [...] Vous n'aviez pas peur ?

1. *Paris-Match*, 11 mai 1984.

« — J'étais terrorisé. La confiance en soi aide à surmonter la peur. L'incertitude paralyse. J'ai réussi à me persuader qu'un tel accident ne pourrait plus jamais m'arriver. »

L'imagination

Nous disposons avec l'imagination d'une arme infiniment plus efficace que la volonté, même si celle-ci apporte une aide précieuse à ceux qui la mobilisent. La volonté en effet implique un effort *conscient*, s'oriente le plus souvent vers la lutte et le conflit interne : elle exerce son action *contre* un adversaire. Et comme cet adversaire est nous-même, notre énergie s'épuise d'alimenter les deux partis opposés, arc-boutés en quelque sorte l'un contre l'autre. Cette tension et les blocages qu'elle suscite, peuvent renforcer le trac au lieu de l'atténuer.

La voie de l'imaginaire nécessite moins d'effort car elle se source à un niveau plus profond de notre psyché. Elle capte à son profit l'énergie de l'inconscient qui ignore le négatif et fonctionne sur le mode du désir et de l'être.

De nombreuses études ont montré que nos deux hémisphères cérébraux, le gauche et le droit, ne remplissaient pas les mêmes fonctions. Le cerveau gauche, qui, pour les droitiers, régule les activités motrices du côté droit, gère le langage (du moins le langage alphabétique : il semble que les langages à base d'idéogrammes ressortissent davantage du cerveau droit...), les mathématiques, l'analyse, le raisonnement discursif, la linéarité et l'abstraction. Il fonctionne sur le mode « digital » (selon la terminologie de l'informatique). Le cerveau droit, lui, fonctionne sur le mode « analogique ». C'est le cerveau de l'intuition, de la saisie globale de la réalité, de la musique, de la poésie. Il semble relié plus directement que le cerveau gauche à l'univers des émotions.

Notre société, placée sous le triple patronage de Gutenberg, de Newton et de Descartes — et de leurs épigones —, privilégie outrageusement le cerveau gauche, nous privant du coup des ressources profondes du cerveau droit. Dans la tradition des Amérindiens, « l'homme doit marcher sur ses deux pieds », c'est-à-dire utiliser de façon harmonieuse et complémentaire ses deux hémisphères. (C'est l'un des aspects de l'enseignement de Castaneda.)

La visualisation

La visualisation consiste à imaginer à l'avance, de façon aussi précise et réaliste que possible, le déroulement de l'épreuve ou de la manifestation à venir, d'abord de l'extérieur comme repérage objectif, puis en se voyant dans son rôle, enfin en se plongeant véritablement dans l'action par l'imagination, au plus proche du vécu global, c'est-à-dire en intégrant tous les systèmes sensoriels, l'ouïe, le toucher, les sensations proprioceptives et cénesthésiques, etc., en plus de la vue. C'est de cette façon qu'un champion comme Jean-Claude Killy, confortablement assis dans son fauteuil, vivait chaque centimètre, chaque bosse, chaque changement de déclivité, chaque tournant de la piste de descente olympique avant l'épreuve.

De la même façon les champions de concours hippique répéteront mentalement le parcours d'obstacles après l'avoir, bien entendu, reconnu réellement, à pied : pour faire son travail, l'imagination doit se fonder sur des données concrètes.

Il s'agit là d'un entraînement mental, d'une forme de répétition indépendante des conditions extérieures qui permet de se familiariser avec tous les aspects d'une épreuve ou d'un parcours, et de réduire la part d'inconnu qui favorise la peur et le trac, et qui réduit en conséquence la qualité de la performance.

L'efficacité de cette approche a été mise en évidence par de nombreuses expériences.

Ainsi pour le lancer au panier en basket-ball : soit trois groupes soigneusement constitués en fonction de leur niveau de performances initial. Le premier, qui servira de groupe témoin, s'abstient de tout entraînement. Le deuxième s'entraîne sur le terrain, avec un ballon et un panier réels, à raison d'une heure par jour. Le troisième, mentalement, avec les seules ressources de l'imagination, vingt minutes par jour. Au bout d'un mois, on procède à la vérification des progrès obtenus : le groupe témoin est resté au niveau de départ, le groupe qui s'est entraîné « pour de vrai » améliore ses performances de 40 %, et celui qui s'est entraîné sur le mode de l'imaginaire obtient des résultats comparables.

Les appareils mesurant les contractions musculaires révèlent d'ailleurs que le travail « imaginaire » sollicite les muscles de façon très active.

Patrick Monier, directeur technique de l'équipe nationale de tir à l'arc, donne des indications très précises sur le rôle de la visualisation dans sa discipline :

« Vingt secondes avant le tir, lorsque l'archer se place sur la ligne, il doit anticiper et visualiser sur ce qu'il doit faire, imaginer le matériel, mais surtout visualiser l'instant où les flèches pénétreront dans le cercle. Ce moment est aussi important que le tir lui-même. La visualisation se travaille. Ça consiste à faire, en état de relaxation dans une salle, l'exercice mental qui permet de se regarder effectuer le mouvement, sous tous les angles de tir : devant, sur le côté, derrière, etc. De façon précise. Extérieurement et intérieurement. Et toujours voir la flèche pénétrer dans le cercle. Lorsqu'on a une image bien nette de ce que l'on doit faire, on peut plus facilement intervenir sur les muscles à commander. Il faut se programmer, et ensuite laisser faire. Le mauvais archer, c'est celui qui ne sait pas ce qu'il a programmé.

En arrivant sur le pas de tir, il subit des interférences mentales [1]. »

On retrouve l'enseignement zen de la pratique du tir à l'arc, où l'archer lâche sa flèche au moment où il ne fait plus qu'un avec l'arc et la cible.

Cette forme de visualisation se révèle efficace dans tous les domaines d'activité en tant qu'elle facilite la préparation.

La visualisation positive

La visualisation *positive* pratiquée dans différentes techniques, telles que le rêve éveillé dirigé, la sophrologie, les séminaires alpha, la programmation neuro linguistique, etc., met en œuvre les ressources combinées de l'imagination et de l'autopersuasion. Il s'agit toujours de se visualiser dans l'épreuve à venir, mais en incorporant dans le scénario les notions de réussite ou de succès : on s'imaginera félicité, que dis-je, ovationné, assourdi par les applaudissements et les vivats de la foule, montant à la plus haute marche du podium, étouffé par les gerbes de fleurs et les baisers, relisant les articles dithyrambiques des critiques, admirant sa photo en première page des magazines, etc. Chacun choisira le cocktail le plus flatteur et le plus émoustillant (en veillant simplement à rester dans les limites du vraisemblable : l'exagération à outrance peut avoir des effets contraires à ceux souhaités et, par le biais du ridicule, vous faire basculer, plus profondément qu'au départ, dans le sentiment de votre indignité foncière...).

La confiance en soi reste pour la majorité d'entre nous une denrée fragile, d'avoir été malmenée depuis l'enfance en d'innombrables circonstances. La visualisation positive, bien utilisée, vient contrebattre les croyances négatives intériorisées : « Je ne suis pas capable », « Je n'y arriverai

1. *Libération*, 3 août 1984.

jamais », « C'est bon pour les autres », etc. On peut méditer à cet égard sur la phrase de Cocteau : « Victor Hugo était un fou qui se prenait pour Victor Hugo [1]... » qui rejoint ce propos de Valéry : « Le " génie " est une habitude que prennent certains. »

La *verbalisation* positive se range aux côtés de la visualisation du même nom parmi les techniques d'hygiène mentale susceptibles de freiner le développement du trac. Dans sa version simple, certains diront simpliste, qui rejoint les préceptes du docteur Coué, il s'agit de prendre le contre-pied des énoncés négatifs concernant sa propre valeur : « Je réussirai » plutôt que « Je n'y arriverai jamais ». A dire à haute voix ou à écrire. Nous avons vu les limites de cette approche, fondée sur la répétition et le volontarisme. Il nous semble plus efficace, et beaucoup plus enrichissant à long terme, de pratiquer une véritable *discipline* consistant à faire « coller » davantage le langage à la réalité vécue. En évitant par exemple les généralisations abusives (tout, toujours, jamais, etc.) qui véhiculent, en les renforçant, nos craintes, nos préjugés et nos limitations. Si vous dites : « Je ne réussis jamais », vous ancrez en vous cette conviction, que rien ne justifie, sinon l'avenir que vous aurez ainsi programmé.

Prenez garde à la façon dont vous utilisez le langage : par un mauvais usage des mots, vous pouvez renforcer votre trac et le consolider, alors que quelques précautions simples peuvent contribuer à vous en affranchir.

Un exemple : chaque fois que vous prononcez le mot « trac », surtout dans des expressions telles que : « J'ai toujours le trac », vous le nourrissez de votre énergie et vous vous persuadez vous-même que ce mal est inéluctable et que rien ne saurait vous en débarrasser.

Le trac n'a aucune réalité en soi. C'est un simple mot, et, de même que, selon Aristote, le mot « chien » n'a jamais mordu personne, le trac ne peut vous faire aucun mal. Il

1. *Cahiers B*, 1910.

nous est utile, ici, en tant que concept, pour la facilité de l'exposé, parce qu'il permet de synthétiser l'infinie variété des expériences vécues par des personnes réelles et toutes différentes.

Au lieu donc de parler du trac, de votre trac, comme s'il s'agissait d'une substance, d'une force extérieure, efforcez-vous de décrire, aussi précisément que possible, ce que vous ressentez dans votre corps : « J'ai la gorge serrée », ou « Je sens mes jambes trembler ». En suivant ce chemin, vous prendrez progressivement conscience de la façon dont vous nouez votre gorge, ou faites trembler vos jambes et vous pourrez amorcer un véritable travail de transformation : la réalité, quoi qu'on en pense, est plus malléable que les illusions...

La « vocalisation ininterrompue »

L'animateur Jérôme Liss préconise une technique efficace, qui consiste à s'entraîner à improviser des discours sur le thème de son choix, sans marquer la moindre pause, même, et surtout, si l'on s'aperçoit que l'on est en train de se contredire ou de proférer des âneries. On s'entraîne ainsi, par l'expérience du flux continu de paroles, à désamorcer les arrêts, les ruptures, par lesquelles le trac a coutume de s'introduire. L'exercice doit être exécuté à voix haute et forte, si possible devant un témoin amical ; quoique beaucoup préfèrent la solitude pour leurs premiers essais... Dans ce cas, il est bon d'enregistrer les séances.

La visualisation relaxante

Dans les moments de tension, d'angoisse et de désarroi qui précèdent l'épreuve, on peut recourir à une troisième forme de visualisation qui favorise la détente et la relaxation. Elle consiste à s'imaginer dans un lieu de parfaite sécurité tranquille, retrouver par exemple un coin de paradis de son enfance, une clairière, un grenier, une plage secrète, un jardin parfumé, inventer, si les souvenirs font défaut, cet environnement idéal, ou s'enfoncer dans les profondeurs de son corps vers une zone de sérénité intérieure.

La détente corporelle, la relaxation, le lâcher-prise constituent des préalables indispensables à toute visualisation. On ne peut s'y contraindre par un effort de la volonté. Il s'agit, bien au contraire, de s'abandonner, de lâcher les rênes, de laisser surgir à la conscience les messages de notre corps.

Maurice Chevalier, précurseur en cela des techniques de visualisation, disait :

« Il faut fixer son trac en un point précis du corps pour éviter qu'il envahisse l'organisme tout entier. Pour moi j'ai choisi le talon gauche. »

Effectivement, sur scène, son talon gauche tremblait, alors qu'il affichait par ailleurs une aisance souveraine.

Certains privilégiés accèdent spontanément à ces états de conscience modifiés, mais pour la majorité un apprentissage est nécessaire, tel que celui dispensé par la sophrologie.

La visualisation « agressive »

Jean Anouilh, dans sa *Jeanne d'Arc*, imagine un dialogue entre la Pucelle d'Orléans et le roi Charles VII. La bataille est fixée pour demain, l'issue impossible à prévoir. Jeanne suggère *d'avoir peur maintenant*. Les ennemis sont puissants, redoutables, formidablement armés et cuirassés. Ils vont nous massacrer. Mais, mais, comme ils n'auront pas eu peur avant, c'est nous qui serons les plus forts sur le champ de bataille.

La visualisation peut ainsi être utilisée à des fins agressives. Ridiculiser l'adversaire permet de prendre confiance à moindre frais. Cette tactique recueille d'assez nombreux suffrages. Le champion de patinage artistique Scott Hamilton « est mort de peur en compétition. Comme tous les grands champions il maîtrise parfaitement son émotivité. Par une concentration sérieuse et pas mal de petits trucs [...] : " Quand j'arrive sur la glace, pour me décontracter, je regarde les juges de marbre et les imagine en sous-vêtements. Ça marche très bien ! [1] " »

Un moyen plus « gracieux » d'humaniser les juges, c'est de les imaginer tels qu'ils étaient enfants, en petite jupe ou en culottes courtes, et de permettre à leur visage d'innocence d'affleurer sous leur masque d'adulte.

Bardamu, le héros du *Voyage au bout de la nuit* de Céline, dénude plus profondément son interlocuteur, pour des raisons analogues :

« Pendant qu'il parlait, prudent et préliminaire, j'essayais de me représenter tout ce qu'il exécutait chaque jour, ce curé, pour gagner ses calories, des tas de grimaces et des promesses encore, dans le genre des miennes... Et puis je me l'imaginais, pour m'amuser, tout nu devant son autel... C'est ainsi qu'il faut s'habituer à transposer dès le premier abord les hommes qui viennent vous rendre visite, on les comprend bien plus vite après ça, on discerne tout de suite dans n'importe quel personnage sa réalité d'énorme et avide asticot. C'est un bon truc d'imagination. Son sale prestige se dissipe, s'évapore. Tout nu, il ne reste plus devant vous en somme qu'une pauvre besace prétentieuse et vantarde qui s'évertue à bafouiller futilement dans un genre ou dans un autre. Rien ne résiste à cette épreuve. On s'y retrouve instantanément. Il ne reste plus que les idées, et les idées ne font jamais peur. Avec elles, rien n'est perdu, tout s'arrange. Tandis que c'est parfois difficile à supporter le prestige d'un

1. *Libération.*

homme habillé. Il garde des sales odeurs et des mystères plein ses habits. »

Un professeur de piano suggère un stratagème semblable à l'une de ses élèves :

« Une audition de piano. Mon tour arrive. Je regarde l'assemblée. Il y a trop de monde. Je ne peux pas y aller. J'ai des fourmis dans les mains. Elles me donnent l'impression d'enfler. Mon professeur se rend compte de mon état et me conseille : " Regarde toutes ces personnes ; elles sont assises sur leur cuvette de W.C. et font leurs besoins comme toi. Nous sommes tous les mêmes à ce moment-là, non ? " Je ris, le trac se dissipe un peu. Je peux jouer. »

Comme l'écrivait Montaigne :

« Au plus haut trône du monde, on n'est jamais assis que sur son cul. »

L'escalade dans le ridicule est heureusement désamorcée par une touche d'humour. Heureusement, car le mépris est contagieux. A mépriser le public, ou le jury, on court le risque d'être méprisé en retour, selon la règle qui veut que les hommes se comportent avec vous comme vous vous comportez avec eux...

« Nous sommes par nature condamnés à vivre dans l'imaginaire, et dans ce qui ne peut être complété.

« Et c'est vivre », écrit Paul Valéry [1], qui évoque ailleurs ce « pouvoir des choses absentes par quoi l'homme se rendit puissant et misérable. »

La visualisation, faisant appel aux ressources de l'imaginaire, mobilise à notre profit, de façon positive, les forces mêmes qui nous accablent dans le trac, issu de craintes également imaginaires.

1. *Tel Quel*, « Analecta ».

« J — 1 » : condition physique et organisation matérielle

L'épreuve approche. La tension monte. Certains kamikazes vont répéter et se démener jusqu'à l'ultime seconde. Par leur activisme forcené, ils cherchent à combler tous les interstices, les vides temporels, par lesquels pourrait s'infiltrer le trac. Ils espèrent aussi que l'état de surexcitation qu'ils entretiennent leur permettra de franchir l'obstacle dans la foulée, emportés par leur élan. C'est un pari dangereux : ils risquent de se trouver vidés d'énergie et/ou dans une extrême confusion mentale au moment crucial. Nous avons recueilli plusieurs témoignages de candidats qui, pour avoir révisé toute la nuit avant un examen, à l'aube, blêmes, épuisés, ont rendu une copie blanche après s'être embrouillés dans leurs brouillons.

Une mésaventure analogue survint, dit-on, à un hussard de la garde de la Grande Catherine. L'impératrice de toutes les Russies l'avait remarqué lors d'une revue pour sa haute stature et son air conquérant. Elle l'invite à partager sa couche le soir-même. Il se révèle à l'usage très au-dessous des espoirs qu'elle avait placés en lui. « C'est absolument incompréhensible, Majesté, s'excuse-t-il : je vous jure que j'ai répété tout l'après-midi et que ça s'était fort bien passé. »

C'est pourquoi la plupart des experts conseillent de dételer et de se mettre au vert le ou les jours qui précèdent l'épreuve. Ainsi Valéry Giscard d'Estaing sur la façon de préparer une intervention à la télévision :

« Si j'avais un conseil à donner, je dirais : “ Cessez de vous préparer les deux jours qui précèdent l'émission. Evitez d'être en état de tension nerveuse. ” Surtout ne pas se dire : “ Attention, il va y avoir telle ou telle question... ” Faire le vide. Pour être extraordinairement décontracté le jour de l'émission [1]. »

1. *Télérama*, 7 avril 1984.

En privé, il précise sa méthode :

« Je pars le matin même pour Paris. Trois heures avant je marche, au bois de Boulogne ou ailleurs. J'arrive sur le plateau pile à l'heure, déjà tout prêt et maquillé, sans avoir parlé à personne. Tout le monde sait qu'il faut me laisser tranquille. Je ne veux aucune déconcentration. Cela me permet d'arriver assez détendu. »

Une bonne condition physique

Pendant cette période de détente préalable à l'action, au cours de laquelle l'inconscient, mobilisé lors de la phase de préparation intensive, va poursuivre son travail souterrain de maturation et de mise en place, il convient d'accorder une attention toute particulière au corps. Une bonne condition physique désamorce préventivement la plupart des pièges que peut vous tendre le trac.

Les recettes en la matière sont innombrables. La prudence conseille de ne pas bouleverser toutes vos habitudes : devenir végétarien du jour au lendemain sous prétexte d'alimentation saine, ou vous lancer sans entraînement dans une activité sportive intense. L'essentiel, c'est d'écouter son corps, et de suivre ses premiers mouvements (ce qui est, hélas, beaucoup plus difficile qu'on ne le croit).

En résumé cependant :

— Veillez à votre alimentation. Evitez les repas trop copieux, les plats lourds et indigestes, les excès de boisson, les excitants, etc.

— Prenez un peu d'exercice. Respirez.

— Dormez. Evitez les somnifères et autres drogues.

— Distrayez-vous sans vous fatiguer. Choisissez de préférence des amis calmes, compréhensifs et rassurants. Ecoutez de la musique, etc.

Les dangers de l'alcool

L'alcool est malheureusement l'une des méthodes anti-trac les plus couramment utilisées :

« Vais-je me déconnecter au moyen d'un verre d'alcool, qui atténue l'illusion d'un moi isolé, et ouvre au social, au sentiment d'appartenir. L'ennui de l'alcool est que, par une indifférence chimiquement induite, nous perdons le contrôle de notre image, tout en nous voyant livrés aux hasards de la rencontre, capables d'être brillants en public, comme de faire un fiasco. Risque maximal. »

« A un moment de ma carrière, j'ai eu recours au whisky ou à la vodka. J'étais d'ailleurs fortement encouragé dans cette voie par mon entourage, l'alcool est " convivial "... Je me suis vite rendu compte des dangers de cette méthode. A court terme ses effets sont imprévisibles et incontrôlables : les performances " sous alcool " peuvent être excellentes ou catastrophiques. A moyen terme ou à long terme, c'est la déchéance assurée. » (Raphael Oleg, violoniste.)

Au-delà de l'euphorie, éventuelle et provisoire, l'alcool déclenche de véritables ravages. Nous jetterons un voile pudique sur les noms des personnalités, parfois célèbres, en particulier dans le monde de la musique, dont l'abus de l'alcool anti-trac a écourté la carrière et parfois la vie.

Les drogues

La plupart des drogues présentent des dangers comparables : l'accoutumance, la perte du contrôle, la baisse du niveau de conscience et l'affaiblissement du contact avec la réalité.

Les tranquillisants peuvent calmer l'angoisse, mais au détriment de la vigilance et de la créativité.

On parle beaucoup, depuis quelques années, d'un remède-miracle contre le trac, les « béta-bloquants » :

« Les béta-bloquants sont des médicaments de synthèse qui provoquent un blocage de la fonction " béta " des systèmes nerveux sympathiques. Ils modifient le comportement de certaines cellules nerveuses et des tissus réceptifs à leur action. L'action recherchée est " anti-stress " et entraîne le ralentissement cardiaque. Certains acteurs ou musiciens sujets au trac sont devenus familiers des béta-bloquants. Ils en prennent régulièrement un comprimé avant d'entrer en scène. En sport, ces médicaments réduisent les tachycardies émotionnelles et les tremblements qui les accompagnent. En aucun cas ces produits ne doivent être prescrits dans des disciplines entraînant une sollicitation cardiaque importante [1]. »

Une musicienne apporte son témoignage :

« Les béta-bloquants me sont devenus indispensables. C'est un cardiologue ami qui m'en a parlé le premier. Cela a été une libération pour moi. Les sensations physiques désagréables ont disparu, mais l'émotion, la qualité de l'événement et son importance sont restés intactes. Le désir, le plaisir de jouer augmentent lorsqu'on se sent bien. Tout ce qui pouvait entraver, gâcher n'existe plus. »

Elle ajoute que le simple fait de savoir qu'elle dispose de cette ressource suffit en partie à la rassurer, et qu'elle entrevoit le moment où elle n'aura plus besoin d'y faire appel. Le cycle infernal est brisé.

« Lors d'une double expérience en 1977 au *Wigmore Hall* à Londres, vingt-quatre violonistes sujets au trac donnèrent chacun un récital d'un quart d'heure en solo, deux jours de suite : le premier après avoir pris un placebo, le deuxième

1. Docteur J.P. de Mondenard, *Libération*, 1er août 1984.

avec un béta-bloquant [...] On avait volontairement provoqué une atmosphère extrêmement tendue : invités importants, déploiement complexe de matériel d'enregistrement, batterie de projecteurs et de caméras de télévision, meute de journalistes réclamant des interviews, critiques musicaux importants. Les tensions nerveuses étaient très fortes.

« Les résultats furent spectaculaires. Les artistes sous béta-bloquants s'étaient sentis plus calmes avant de jouer, et plus satisfaits de leur jeu. Le jury confirma " une amélioration significative de la performance musicale ". La trémulation, le cauchemar des instrumentistes à cordes nerveux (l'intonation chevrote et l'archet rebondit sur les cordes), disparaissait, le bras raide tenant l'archet s'assouplissait, améliorant la tonalité. Le rythme cardiaque et la pression artérielle baissaient. Même la mémoire semblait meilleure.

« Ainsi, grâce aux béta-bloquants, nous possédons maintenant une thérapeutique très efficace sur le trac des artistes. Il n'en demeure pas moins qu'il faut réserver cette chimiothérapie aux cas majeurs et invalidants, et accorder une large importance aux mesures préventives et à l'apprentissage de la relaxation. » (Docteur S. Garros.)

Les béta-bloquants ont parfois des effets secondaires inattendus. Une violoniste américaine, une superbe blonde, essaie les béta-bloquants avant un concert. Le trac disparaît, remplacé par un grand élan de passion pour le chef d'orchestre, avec qui elle convole aussitôt le rideau baissé...

L'habillement

Après le corps, occupez-vous de l'habillement, tant du point de vue de l'apparence que du confort, car ces deux aspects ont une incidence directe sur le trac.

Choisissez des vêtements adaptés aux circonstances et à l'environnement. L'excès de parure comme de désinvolture peut vous mettre mal à l'aise. Plus précisément, vérifiez votre degré de tolérance par rapport à la différence en matière vestimentaire : plus vous serez différent, en plus ou en moins, plus vous serez remarqué, plus vous vous exposerez. Il faut noter cependant que l'excentricité vestimentaire peut servir de bouclier protecteur, à l'instar du masque. Attirant l'attention sur l'extérieur, elle ménage une zone de secret confortable. L'uniforme, même bariolé, remplit une fonction voisine : la personne, fragile, se cache derrière le personnage.

Mais surtout songez à vous sentir à l'aise :

— Choisissez des vêtements confortables qui vous permettent de respirer et de bouger librement. Bannissez tout ce qui entrave : les cols, les cravates, les ceintures, les emmanchures trop serrés. Ils risquent d'augmenter les sensations de paralysie, d'angoisse et d'étouffement par lesquelles le trac se manifeste habituellement.

— Donnez la préférence à des vêtements familiers, « habités », même s'ils sont moins élégants qu'une tenue toute neuve, qui peut vous réserver des surprises désagréables. Comme ce qui est arrivé à un conférencier professionnel : la seule fois de sa vie qu'il a connu le trac, c'est un soir où il étrennait des chaussures neuves. Il avait l'habitude de parcourir l'estrade de long en large. Mais là, ses semelles glissaient tellement qu'il a été obligé de s'asseoir. Ce changement lui a fait perdre beaucoup de son aisance.

— Habillez-vous légèrement : parler en public, se manifester, dégage de l'énergie, donc de la chaleur ; le trac donne chaud ; les salles de conférences sont souvent trop chauffées, sans compter la chaleur du public.

— Choisissez des couleurs qui vous plaisent et qui vous rassurent.

L'organisation matérielle

Même si vous n'êtes pas responsable de l'organisation matérielle de la manifestation à laquelle vous participez, vous avez intérêt à vous en occuper (en évitant bien entendu de jouer la mouche du coche). Et cela pour plusieurs raisons :

— Le trac se développe dans l'attente inactive.

— L'organisation fait partie de la préparation. Une bonne préparation donne de l'assurance.

— Si vous connaissez bien les lieux, vous réduisez la marge d'inconnu et vous vous sentirez davantage en sécurité.

L'objectif est à la fois de créer un environnement « anti-trac » et d'utiliser votre énergie de façon constructive en l'orientant vers la tâche à accomplir. Quoique le fait d'arriver en retard se soit révélé bénéfique en diverses occasions (on n'a pas le temps d'avoir le trac), cette méthode, risquée, ne peut pas être érigée en système. Prévoyez au contraire d'arriver suffisamment à temps pour préparer ou vérifier ce qui doit l'être. Mais ne comptez pas trop large : vous vous retrouveriez avec des vides dangereux.

Prenez possession des lieux, de la scène, de l'estrade, comme de la salle. Faites-en le tour.

« Pour un concert à 20 h 30, je suis en général là à 19 h 30. J'ai besoin de sentir la salle, de me promener dans les couloirs, de m'imprégner. En même temps j'ai un sentiment de bonheur intense. D'accord, j'ai le trac, de l'appréhension, mais j'aime ce moment. Je ne voudrais en aucun cas qu'on me le supprime. » (Catherine Collard.)

Asseyez-vous dans un fauteuil du fond : vous aurez une idée de la façon dont les spectateurs vous percevront.

Si le dispositif ne vous convient pas tout à fait, et si vous avez la liberté de le modifier, n'hésitez pas à le faire. Cherchez la bonne position, ni trop haut, ni trop bas, ni trop loin, ni trop près, par rapport au public, en tenant compte du type d'interaction que vous souhaitez développer avec lui.

Comment vous sentez-vous en ces lieux ? Et que faire pour vous y sentir mieux ? Il suffit souvent d'un petit changement dans l'éclairage, le décor, les accessoires, un bouquet de fleurs par exemple, pour réchauffer l'atmosphère.

Si vous utilisez des « instruments de communication », du bloc de papier au magnétoscope, vérifiez, sans tomber dans l'obsession, leur présence, leur bon fonctionnement, et leur mode d'emploi. Deux rétroprojecteurs s'allument rarement de la même façon et les paniers de diapositives ne se glissent jamais de la même manière. Quelques essais vous éviteront de présenter les pyramides la pointe en bas, les rires et la poussée de trac qui s'ensuivront.

Tout ce qui améliore la communication réduit le trac, et la vigilance au moindre détail limite les risques d'incidents susceptibles de servir de détonateur ou de tremplin au trac en cours de route.

Faites-vous des alliés parmi les organisateurs, vos collègues, les techniciens s'il y en a. S'ils vous connaissent et sont bien avec vous, ils feront leur possible pour que tout se passe au mieux.

Accueillez si possible les spectateurs à leur arrivée. Vous créerez ainsi un premier contact et vous serez heureux par la suite de reconnaître dans la foule quelques visages familiers. Ne les laissez à aucun prix s'accumuler tous au fond de la salle. Les premiers rangs vides ont un effet démoralisant.

Le conducteur

Le conducteur est un résumé facile à lire de l'exposé ou de la conférence. Il prévient à la fois le trou de mémoire et les inconvénients de la lecture exhaustive d'un texte, que seuls peuvent maîtriser les grands professionnels.

« Quand je vais à un débat télévisé ou quand j'ai un discours à faire à l'Assemblée nationale je prépare un discours écrit et je le lis. Cela pour des raisons qui tiennent à la presse. Tout le monde me dit que l'on est meilleur quand on ne lit pas — spontanéité. Dans une réunion publique je ne lis jamais mais dans un discours important chaque mot compte et l'on se fait épingler juste sur un mot. Du fait que je suis plus sûr des retombées dans la presse et les médias je préfère lire. Je choisis le moindre mal. » (Jacques Chirac.)

La lecture d'un texte rédigé à la virgule près peut fournir un palliatif contre le trac mais elle tue souvent la communication du même coup. Comme s'en est aperçu, évidemment beaucoup trop tard, un orateur qui avait commencé sa conférence sur l'Egypte devant une salle pleine : lorsqu'il releva les yeux de ses feuilles après une bonne heure, il vit l'amphithéâtre vide, à l'exception de quelques spectateurs au premier rang, qui auraient fait trop de bruit en partant, et quelques autres, qui dormaient au fond.

Un bon conducteur est écrit très lisiblement sur des feuillets faciles à manipuler. Il est adapté aux différentes phases de la communication. Quand on pilote un avion, les moments les plus délicats sont le décollage et l'atterrissage. Dans un exposé ou une conférence, l'introduction et la conclusion. Ces deux morceaux seront donc écrits *in extenso* sur le conducteur. Même si vous ne les lisez pas (ce qui est préférable, il vaut mieux les apprendre par cœur), le fait de savoir qu'ils sont inscrits là supprime la hantise du trou de mémoire, et donc le trou de mémoire que cette peur déclenche.

Pour le corps de l'exposé, contentez-vous de noter les mots clés sur lesquels s'articule l'enchaînement des idées. Il vous suffira alors d'un coup d'œil de temps à autre pour retrouver le fil, si jamais vous l'aviez perdu.

Ce dispositif, ouvert, laisse place à l'improvisation, à la

parole vivante, et permet d'accueillir l'imprévu, lorsqu'il se présente, sans panique.

Marquez sur votre conducteur quelques repères temporels : le trac modifie la conscience de la durée. Une minute semble une éternité lorsqu'on est sous l'emprise de l'angoisse :

« J'avais cinq minutes à ma disposition. En une minute, j'avais tout dit, je n'avais plus rien à ajouter. C'est en quittant le studio que mes idées sont revenues. Mais c'était trop tard, j'avais raté mon coup. »

Gaston Defferre ne se laisse plus prendre à ces pièges :

« J'ai appris dans l'opposition à calibrer mes interventions à la seconde près. Comme la radio et la télévision me laissaient souvent à peine une minute, parfois tout juste trente secondes pour m'exprimer, cela m'a formé à dire exactement ce que j'ai à dire, dans le temps imparti, ce qui me donne parfois un avantage sur mes adversaires. »

Puis, souvent, dans le soulagement de l'aisance recouvrée, on perd la notion du temps :

« Au démarrage de mes émissions de radio ou de télévision, la grosse difficulté, c'est de faire parler mes invités. Le problème, ensuite, c'est de les arrêter. » (Georges Suffert.)

C'est pourquoi il est bon, dans la phase de préparation, de minuter son exposé ou son intervention, en sachant que dans les conditions réelles, compte tenu, entre autres, des réactions du public, vous aurez besoin de plus de temps qu'à la répétition. Comptez un tiers à deux tiers en plus.

La première fonction des aides audiovisuelles est d'améliorer la communication. Elles peuvent également jouer un rôle dans la lutte contre le trac : elles fournissent des repères spatio-temporels, vous obligent à *faire* quelque chose, et détournent de vous l'attention du public.

Elles présentent aussi des dangers :

« Le “ prompteur ”, qui devait vous aider, s’il défaille, vous laisse dans une extrême confusion. »

« Les aides visuelles m’aident et me gênent à la fois : il faut bouger pour s’en servir, et, quand on a le trac, bouger devient difficile. On a du mal à oublier son trac quand on est debout. Quand vous êtes à une table, vous pouvez vous poser. »

L’efficacité des aides visuelles est telle cependant, pour fixer l’attention du public, et pour faciliter la compréhension et la mémorisation, que, tout en gardant à l’esprit leur défaillance possible, il est indispensable d’apprendre à les maîtriser.

La voix

Entraînez-vous à parler à voix forte. Si vous n’avez pas de micro, choisissez comme auditeur privilégié la personne qui se trouve le plus loin de vous. Le volume de la voix se réglera automatiquement et naturellement sur la distance.

Parler à haute voix donne de l’énergie, oblige à respirer plus amplement. Vous aurez l’impression de gagner en taille, en stature et en volume, ce qui augmentera votre confiance en vous (et impressionnera le public). Ce même public que vous réveillerez en vous éveillant.

La sur-préparation

Le souci de colmater hermétiquement le trac conduit parfois à un excès de préparation qui risque de figer le conférencier ou l’artiste dans des schémas préétablis, au détriment de la spontanéité et de la vie et pour la déception du public :

« Il est dangereux de sur-préparer. Dans une émission, le

type qui a trop préparé cherche à caser des phrases toute faites. Il n'entend plus les questions. Il est débranché de la réalité. »

« Quand je vois un spectacle trop " carré ", je m'ennuie. Il ne faut pas que le savoir-faire prenne le dessus. C'est comme un musicien qui devient une mécanique sans émotion. »

Se couper de la réalité, c'est perdre le contact avec les spectateurs qui, moins concentrés que l'orateur, restent ouverts aux sollicitations de l'environnement. Raymond Barre fait une conférence à Lyon, dans une salle décorée de ballons. Sous l'effet de la chaleur, ils éclatent l'un après l'autre. Le public, lui, éclate de rire et attend la prochaine explosion, tandis que le conférencier, imperturbable, poursuit son exposé. On peut imaginer qu'il n'en est pas resté grand-chose dans l'esprit du public.

C'est se priver aussi de maintes opportunités de s'assurer la sympathie d'un public complice. Un exemple, où figure encore un ballon : la scène se passe à Saint-Etienne, à l'époque de la plus grande gloire des Verts. Un publicitaire connu fait une conférence sur le marketing le lendemain matin d'une grande victoire de l'équipe de football. Il a préparé une brillante introduction, qui tombe à plat car les spectateurs commentent entre eux à voix basse le succès de la veille. S'il était monté sur scène un ballon de football sous le bras et l'avait lancé dans la salle en disant : « Bravo ! le match est maintenant terminé, nous passons à la publicité », il aurait attiré d'emblée l'attention amicale du public.

Pour gagner, il faut prendre des risques et accepter de jouer avec le trac au lieu de l'éteindre sous des précautions excessives. La recherche de la sécurité à tout prix freine l'action. L'instabilité peut être un facteur de progrès : on court plus vite à bicyclette qu'en tricycle. L'un des plus récents prototypes d'avion de chasse américain, le X 29, est « structurellement instable. Des ordinateurs ajustent ses surfaces de contrôle quarante fois par seconde, beaucoup plus rapidement que ne pourrait le faire le meilleur pilote humain. Si jamais les ordinateurs tombaient en panne simultanément, ce qui est improbable car il y a trois systèmes interchangeables, l'avion éclaterait en morceaux en moins de deux dixièmes de seconde. *La contrepartie de cette instabilité est une maniabilité exceptionnelle* [1] ».

Sur le plongeoir

Dans quelques instants, le coup d'envoi, le coup de gong, les trois coups. Les jeux sont faits. Impossible de reculer. Le trac atteint son point culminant. A quoi consacre-t-on ces ultimes moments ? Comment peut-on les utiliser de façon profitable ?

Télérama dresse le tableau du comportement d'une femme et de quelques hommes politiques dans les minutes qui précèdent leur intervention à la télévision :

« Chacun a son truc pour briser le trac. Valéry Giscard d'Estaing entame un brin de causette avec Mireille Darc venue le soutenir. Simone Veil embrasse sa petite fille. Lionel Jospin discute le coup avec ses amis politiques. Louis Mermaz regarde le journal télévisé en compagnie de Jacques Delors. Georges Marchais converse avec les journalistes. Chirac, fébrile, grille cigarette sur cigarette dans un coin du décor en attendant la rituelle séance de pose pour les photographes [2]. »

Chacun meuble le vide et se distrait à sa façon :

« Je m'occupe l'esprit et le corps, jusqu'au moment de la rencontre, à autre chose qui n'a pas de lien avec ce qui me préoccupe. »

1. *Newsweek*, 10 septembre 1984.
2. *Télérama*, 7 avril 1984.

D'autres ont élaboré un rituel, voire un cérémonial de concentration. Le toréador pourrait aller plus vite quand il revêt l'habit de lumière. Mais il a besoin d'un « temps ritualisé » pour canaliser sa peur.

« Nana Mouskouri a des rites, elle sort toujours la dernière de sa loge et entre par le côté droit de la scène, sans oublier de poser un petit mouchoir en coulisses que personne ne doit toucher. Jacques Brel faisait des exercices d'échauffement, et cirait ses chaussures [1]. »

Le footballeur qui retire soigneusement les lacets de ses souliers à crampons après chaque match, pour les réenfiler, en commençant par le pied gauche, avant chaque match, procède de la même intention.

Un grand chef d'orchestre suisse prévenait les attaques du trac avant ses concerts en construisant dans sa chambre d'hôtel de merveilleux édifices en Lego (Lego contre l'ego). Il achetait une nouvelle boîte avant chaque concert. Il s'est arrêté en raison du prix des suppléments de poids de bagage en avion.

Les doigts s'occupent, l'esprit se calme. De tels gestes, utiles, liés à l'action à venir, et nécessitant une certaine adresse, sont préférables aux simples manipulations d'objets, stylo, clés, pièces de monnaie, etc., qui, par leur caractère factice et répétitif, entretiennent le trac et l'exaspèrent parfois. De même pour les cigarettes ou le chewing-gum.

Les écrivains exorcisent à leur manière l'angoisse de la page blanche :

Anne Pons, qui ne fume pas, installe autour d'elle une dizaine de cendriers avant de se mettre à écrire.

Philippe Labro, dans son film *Hasard et Violence*, montre l'écrivain Yves Montand s'asseoir à sa table de travail, saisir une rame de papier blanc, tâter chaque feuille (toutes identiques) pour sentir celles qui lui conviendront, remplir plu-

1. *Téléstar*, 26 novembre 1984.

sieurs stylos avec des encres différentes, tailler un faisceau de crayons, etc.

Les écrivains ont la chance (ou le malheur ?) de pouvoir commencer quand bon leur semble. Ainsi éternisent-ils le trac.

Revenons au corps. Toute manifestation publique peut s'apparenter à une épreuve sportive. De même que les athlètes s'échauffent avant la compétition, il est essentiel de mobiliser son corps pour secouer la paralysie du trac, et de décharger une partie de l'adrénaline qui s'accumule dans l'attente de l'action.

Mieux vaut faire le tour du pâté de maisons que les cent pas, fastidieux et énervant pour l'entourage.

Avec la relaxation dynamique, la sophrologie a mis au point une série d'exercices, simples, rapides à exécuter, et beaucoup plus efficaces que ces recettes artisanales. Ces mouvements agissent sur les zones du corps qui risquent de se bloquer, de se « coincer » sous l'effet du trac : la nuque, la gorge, les épaules, la poitrine, le ventre, etc. Ils favorisent la respiration et la concentration, et, paradoxalement, détendent tout en dynamisant.

« J'ai été formé au métier d'acteur dans une troupe américaine. Avant chaque représentation, une heure avant le lever de rideau, le metteur en scène nous préparait par une session de relaxation/énergétisation. C'est souverain contre le trac. »

Ces exercices demandent un certain apprentissage. D'autres, encore plus simples, ont des effets comparables :

— Bâiller.

— Secouer tout le corps, comme un chien qui s'ébroue.

— Hausser les épaules en inspirant profondément, et les laisser retomber en poussant un gros soupir.

— S'ancrer au sol (ce que les bio-énergéticiens appellent le « grounding », les joueurs de tennis, le « saut de cheval ». Une jeune étudiante violoniste américaine était prédisposée morphologiquement au trac : repliée sur elle-même, cage thoracique enfoncée, épaules relevées, pieds en dedans, muscles tendus jouant les uns contre les autres. Raphael Oleg lui conseilla de jouer pieds nus : début de la prise de conscience du corps, et davantage enracinée au sol.

— Contracter tous les muscles du corps et les relâcher d'un seul coup.

Et, si les circonstances le permettent, « des gueulements venant du ventre », comme le conseille une des personnes interrogées. (C'est possible en voiture, vitres fermées, en roulant assez vite...) L'équivalent du cri de guerre, dont la fonction est certes de terroriser l'ennemi, mais surtout de faire monter l'énergie chez celui qui le pousse. Cela vous oblige aussi à respirer.

La respiration

Elle apparaît dans presque tous les questionnaires comme *le* remède contre le trac :

« Je me concentre sur ma respiration. »
« Je respire profondément trois fois ou plus. »
« Je respire profondément dans mon ventre. »
« Je respire un grand coup avant. »

L'un des premiers méfaits du trac, c'est effectivement de bloquer la respiration.

« Si j'ai le trac quand je joue au tennis, je suis complètement essoufflé au bout de quelques minutes de jeu. J'ai le souffle coupé, c'est terrible. »

Outre son effet préventif, la respiration consciente vous ramène dans votre corps, dans l'ici et maintenant, dans la sécurité du présent, dans la réalité.

« VIVRE !... JE RESPIRE. N'est-ce pas tout ? JE RESPIRE... j'ouvre profondément chaque fois, toujours pour la première fois, ces ailes intérieures qui battent le temps vrai. Elles portent celui qui est, de celui qui fut à celui qui va être... JE SUIS, n'est-ce pas extraordinaire ? Se soutenir au-dessus de la mort comme une pierre se soutiendrait dans l'espace ? Cela est incroyable... je respire, et rien de plus [1]. »

Pour retrouver le calme, les Tibétains recommandent d'inspirer profondément, de bloquer la respiration dix secondes, puis d'expirer lentement ; et de recommencer l'opération à trois reprises, en intercalant chaque fois trois respirations normales.

La respiration rééquilibre, elle détend, elle dynamise, elle chasse les miasmes et les vapeurs. Respirez donc avant l'épreuve, et ne vous arrêtez pas. La respiration vous aidera aussi à franchir tous les obstacles que vous pourriez rencontrer en cours de route.

Juste avant d'entrer en scène, arrêtez-vous, oubliez tout, sentez simplement votre corps, respirez, et plongez.

Vais-je y aller ?

« Le trac vient du fait qu'on se pose trop de questions : “ Vais-je y aller ou non ? ” C'est un excès de réflexion. »

« C'est l'intervention de la pensée qui donne le trac : au lieu de vivre tout simplement, on vit avant dans sa tête. »

« On donne la priorité à l'attente du résultat, par rapport à l'action. »

L'angoisse s'augmente de chaque seconde où la décision de plonger est reculée. Il n'y a aucune raison, bien au contraire, pour que l'attente facilite les choses :

Un certain vizir se fait condamner par son sultan à avoir la tête tranchée. Comme le sultan lui veut du bien, il organise une cérémonie très protocolaire, et lui dépêche le meilleur

1. Paul Valéry, *Mon Faust*, La Pléiade, II.

d'entre ses bourreaux. Le vizir est sur l'échafaud, qu'entoure une foule dense de connaisseurs. Il fait très chaud. Le bourreau exécute de superbes moulinets avec son cimeterre. Le vizir trouve le temps long, s'impatiente, demande au bourreau si ça n'est pas bientôt fini. Le bourreau : « Secouez un peu la tête pour voir. »

« On doit se faire confiance à un moment donné, sinon on n'en finira pas de calculer tous les paramètres. On dresse les colonnes de crédit et de débit, mais il y aura toujours de l'impondérable. Conclusion : il faut se jeter à l'eau. »

Plongez carrément : une entrée précautionneuse dans l'eau froide prolonge inutilement le supplice.

Ne faites pas comme ces orateurs qui multiplient les faux départs : « Nous allons bientôt commencer », et pour commencer : « Est-ce que tout le monde est là ? » « Ça va être l'heure de commencer maintenant, attendons encore quelques instants. » Ils entretiennent leur inquiétude, tout en démobilisant le public.

Un ultime encouragement :

« Affronter. »

« Ce n'est plus : " Est-ce que je peux le faire ? ", mais : " Je veux le faire ! " »

« Ne pas y penser, et s'absorber dans l'action. »

Et c'est le saut, le plongeon :

« Serrer les paupières, serrer les dents, serrer les fesses... et sauter. »

« Dans l'action, il n'y a plus de parachute. Il faut se débrouiller pour tomber sur ses pieds. »

« Plonger dans la difficulté extrême : le reste devient facile. »

Un pianiste était pris de telles crises d'asthme et de vomissements avant ses concerts, qu'il songeait à abandonner sa carrière. Maintenant il fonce sur son piano, comme un naufragé vers un radeau, et se met à jouer, sans se soucier du public.

LES DIX COMMANDEMENTS DU TRAQUEUR
(Récapitulatif)

1. Entraînez-vous, préparez-vous, répétez, répétez, répétez (mais attention à la sur-préparation).
2. Relaxez-vous et visualisez votre succès.
3. Mangez légèrement, buvez modérément.
4. Evitez les « faux amis » : drogues, excitants, calmants.
5. Utilisez la relaxation dynamique, qui stimule et détend à la fois.
6. Prenez des repères. Organisez l'environnement.
7. Accueillez le public. Considérez les spectateurs en tant que personnes. Respectez-les.
8. Prenez votre temps, ne vous bousculez pas.
9. Respirez, respirez, respirez.
10. Plongez...

6.

PLONGER

Plonger dans l'action

L'entrée dans l'action est un remède en soi. On s'oublie, on oublie ses émotions, on oublie tout le reste, la fatigue, les problèmes personnels. Les témoignages abondent sur la disparition du trac dans les secondes qui suivent le plongeon. L'énergie bloquée par l'attente et l'expectative se libère d'un seul coup, et tout fonctionne à nouveau .

Ce phénomène se produit chez les sportifs :

« Quand je suis dans le vestiaire, j'ai le trac ; quand je traverse le vestiaire, j'ai le trac ; je traverse la salle, j'ai le trac ; je monte sur le ring, j'ai le trac ; je vais dans mon coin, j'ai le trac ; je mets les protège-dents : je n'ai plus le trac. » (Le champion de boxe Rodriguez.)

Les joueurs de football, au trente-sixième dessous dans les vestiaires, se libèrent de leur trac dans la majorité des cas en pénétrant sur la pelouse.

Chez les chanteuses :

« Pour le réveillon, on m'annonce, trois jours à l'avance, que je vais chanter à *L'Olympia*. *L'Olympia*, quand on n'est jamais montée sur une scène !

« Je n'ai même pas pu répéter pendant ces trois jours, tellement j'étais angoissée... Enfin le grand soir est arrivé. Il fallait que je chante trois chansons et je n'avais aucune idée de la façon dont j'allais me tenir sur scène. Ce qui me terrifiait, surtout, c'était l'idée que je pourrais oublier les paroles.

« Je suis donc montée sur cette scène énorme, avec, en face de moi, dans ce gros trou noir qu'est la salle, près de trois mille “ copains ” qui avaient payé leur place pour m'écouter chanter. Je croyais que j'allais rester figée, pétrifiée, qu'on allait me siffler, que... et là, il y a eu un miracle. Dès que je suis entrée en scène, dès que l'orchestre a commencé à “ chauffer ”, que la salle a applaudi, j'ai été littéralement subjuguée : je me suis mise à danser le twist, à chanter, avec un rythme que je n'avais jamais eu jusque-là. » (Sylvie Vartan.)

Et les chanteurs :

« Fernandel était au sommet de sa gloire ; c'était l'époque de *Don Camillo*. Alors qu'il n'était pas remonté sur une scène depuis des années, il accepte de participer à l'émission “ Pleins feux ” qu'on enregistrait à l'époque pour la télévision, à l'*Alhambra*, devant deux mille spectateurs. Du coin de l'œil je le vois tremblant dans la coulisse. Mais, en grand professionnel, il entre sur scène d'un pas décidé, conquérant. Des tonnerres d'applaudissements le saluent. Il chante une chanson de tourlourou, *Suzon la blanchisseuse*, une chanson d'une connerie inimaginable, que seul lui pouvait faire passer ! C'est un triomphe comme je n'en ai jamais vu. La salle est en délire. Après d'innombrables rappels, sur le générique de fin, Fernandel quitte la scène. Il planait, il volait au-dessus du sol. Pour lui, un instant de bonheur parfait : en quelques minutes il était passé du doute, du trac, à la certitude grisante de l'adoration du public.

« Je connais moi aussi ce moment très agréable où le trac se retire. On bascule, on ne sent plus son corps. Pendant quelques instants, le monde est à vous. » (Pierre Bellemare.)

Chez les grands couturiers :

« Le trac disparaît dès que le premier mannequin commence à défiler. Je m'oublie en tant que créateur. Je fais partie d'une équipe et ma seule préoccupation c'est que tout se passe au mieux. » (Angelo Tarlazzi.)

Les animatrices de télévision :

« Dès que j'ai dit bonjour, je n'ai plus le trac, et c'est un état de bien-être qui m'envahit. » (Véronique et Davina.)

Et les hommes politiques :

« J'ai toujours le trac au début d'un meeting, avant une émission de radio ou de télévision, les mains un peu moites et la voix enrouée. Ça se résout dès que je prends la parole, et très vite, il y a une grande assurance qui me vient. » (François Léotard.)

« Je deviens tendu quelques secondes, juste avant la première question. Après, c'est fini : je suis tellement concentré que je n'ai plus du tout le trac. » (Valéry Giscard d'Estaing.)

« Une fois engagé dans l'action, le trac disparaît. Plus ça barde, plus je suis calme. J'ai parfois le sentiment d'avoir de la glace dans les veines, tellement je suis de sang-froid... Il m'arrive de réagir comme si ce n'était pas moi.

« C'est la même chose en régate : avant le départ j'ai un trac terrible. Il y a parfois plus de cinquante voiliers engagés. On se frôle à un centimètre. Il faut être le premier. Dès que le départ est donné, je suis tellement concentré, tellement maître de moi, que j'oublie mon trac. Je n'ai pas peur parce que je suis lancé dans la bataille. » (Gaston Defferre.)

La concentration

Une fois l'action engagée, la concentration sur la tâche à accomplir, sur l'ici et maintenant, prévient les rechutes insidieuses dans le trac :

« J'attends beaucoup avant de commencer. Je me concentre énormément. J'essaie de faire abstraction de ce qui m'entoure, et de me concentrer uniquement sur la musique que je vais jouer.

« Il m'arrive aussi de bien jouer en première partie, et d'être mauvaise en seconde partie. Il y a peut-être de la déconcentration de ma part. Maintenant, je ne veux plus voir personne à l'entracte. L'idéal serait de faire un concert d'une seule traite, même si l'on doit me ramasser à la petite cuiller après. » (Catherine Collard.)

« Pour résister à la gamberge, il faut vivre le présent. » (Hidalgo, entraîneur de l'équipe de France de football.)

Borg en compétition ne voyait que la balle.

Un autre grand champion, Arthur Ashe, qui méditait avant chaque match, conseillait aux joueurs, non seulement de suivre la balle, mais de s'efforcer de voir la *marque* sur la balle. L'intensité d'une telle attention « démultiplie le temps » et augmente la marge de sécurité du joueur.

Dominique Esnault, quatre fois championne de France de tir, met, elle aussi, l'accent sur la concentration :

« La qualité indispensable est la concentration. Quand on entre sur le stand de tir [...] on se retire en soi-même. Le trac est interdit. Il faut tout contrôler, et d'abord la pensée, cette joueuse de tours. Penser à tirer fort, c'est déjà l'erreur. On cesse de penser à la visée. La carabine se décale d'un cheveu, et on fait un 7 au lieu d'un 10 [1]. »

La colère

Si l'action n'est pas un stimulant suffisant, la *colère*, qui augmente le taux d'adrénaline, peut servir d'adjuvant ou d'accélérateur :

1. *Le Nouvel Observateur*, 27 juillet 1984.

« Un autre remède anti-trac : me mettre en colère. Je me suis aperçue que j'étais meilleure à la télévision quand on me mettait en rogne. Si l'interviewer me “ cherche ”, mon trac disparaît aussitôt. C'est pourquoi mon attachée de presse me choisissait des journalistes hargneux de préférence aux gentils. » (Francine Gomez.)

Avant l'un de ses concerts, un pianiste se sentait très énervé, rageur, excité, pour des raisons personnelles sans rapport avec la musique. Le concert a été éblouissant.

On raconte que Charles Aznavour injurie le public dans les coulisses pour calmer son trac. McEnroe procède de la même manière : il crée le conflit avec l'arbitre, le public, son adversaire, pour faire monter sa tension. Au risque de perdre le match s'il va trop loin.

A noter cependant l'évolution tant de McEnroe que de Connors : après avoir beaucoup insulté les spectateurs, ils cherchent maintenant davantage leur complicité et leur sympathie. Au début de leur carrière ils avaient besoin du stimulant de l'agressivité ; la confiance qu'ils ont acquise en accumulant les victoires les conduits à préférer un support positif.

L'humour

Porté par la déferlante de la colère, on laisse le trac loin derrière soi. Avec *l'humour* on navigue sur des eaux plus paisibles. Le rire dénoue les tensions, desserre les blocages de la gorge et du ventre, ouvre la respiration, et, surtout, déclenche la complicité du public, créant un climat de convivialité. L'humour, c'est rire de soi-même, reconnaître ses limites et ses faiblesses.

Si les hommes politiques ont souvent le trac, c'est qu'ils manquent en général d'humour. Certains théoriciens considèrent que l'humour est un handicap dans la vie politique. Les politiciens doivent donner l'impression qu'ils sont convaincus par ce qu'ils disent. S'ils prennent le recul de l'humour, les électeurs risquent de ne pas les prendre au sérieux. La distanciation les dessert.

L'esprit de sérieux favorise le trac, l'humour dédramatise. Quoi de plus rassurant que ce diagnostic porté par un psychiatre après un entretien avec son client : « Ne vous faites plus de souci : vous ne souffrez pas d'un complexe d'infériorité, vous êtes réellement inférieur. »

L'humour permet de contourner les difficultés au lieu de s'y heurter, de glisser sous la barrière quand on ne peut la franchir. Ainsi cette anecdote, célèbre dans les milieux de l'opéra. Lohengrin doit, à la fin d'un aria, monter dans le cygne qui parcourt majestueusement l'arrière de la scène, tiré par une corde invisible. Le machiniste, pressé de rentrer chez lui, a tiré trop tôt, et quand Lohengrin se retourne, le cygne est en train de disparaître dans les coulisses. Le chanteur, au lieu de se laisser pétrifier par le trac, garde son sang-froid et s'adresse directement à la salle : « Savez-vous quand passe le prochain cygne ? »

Voici, à titre d'exemples, quelques recettes garanties contre le trac, puisées au même tonneau :

— Demander au public de *fermer les yeux* pendant les premières minutes. (Le regard de l'autre attise le trac.)

— Porter un T-shirt, un macaron, un dossard, une pancarte, un petit drapeau, etc., avec l'inscription : « J'ai le trac, et vous ? » Nous envisageons de fonder un « Ordre des traqueurs ». Arborer en sautoir le cordon de grand officier suscitera chez les spectateurs un accueil des plus compatissants.

— Comme Mao, avec son petit livre rouge, inciter la foule à brandir un exemplaire de cet ouvrage consacré au trac, en signe de communauté d'esprit. (Les livres seront vendus obligatoirement avec le billet d'entrée.)

Citons pour terminer la réplique d'Eddy Mitchel, refusant d'être interviewé sur le trac :

« Je ne connais pas le trac : je suis myope. »

La mission

Le sentiment aigu de l'importance de la tâche à accomplir ou de la mission à remplir protège efficacement du trac en vous ramenant au rang d'instrument au service d'une cause :

« Je n'ai pas le trac quand je parle d'un sujet que je connais bien, l'art, la Fondation, l'aide aux personnes âgées, le Service d'aide volontaire dans les hôpitaux. J'étais récemment en Allemagne pour la remise du prix d'Europe de la musique à Pierre Boulez. C'est un ami ; je connais bien l'I.R.C.A.M., j'ai parlé tout à fait naturellement, sur le ton de la conversation. » (Claude Pompidou.)

Toutes les causes sont susceptibles d'atténuer le trac pour autant qu'on s'y engage pleinement :

— L'entreprise :

« Le trac, c'est un luxe ! Croyez-vous que j'ai le temps d'avoir le trac. Avec la vie que je mène ? Je suis le patron. On attend de moi que je donne des ordres efficaces, que je prenne des décisions. Non, je n'ai pas le temps d'avoir le trac. Je dois agir en permanence, et l'action efface le trac. » (P.-D.G. d'une entreprise de cinq mille personnes.)

— L'art :

« On peut me faire parler de l'art tant qu'on veut, je n'ai pas le trac. C'est important d'aimer son sujet. » (Maurice Rheims.)

On peut se demander si Jean-Sébastien Bach connaissait le trac...

« Je chante dans un état second. Je m'en vais ailleurs.

Pour moi, chanter, c'est une évasion, un autre monde. Je ne suis plus sur terre. » (Edith Piaf.)

— Le sport :

« Je n'avais pas le trac. J'étais prêt à mourir sur le court pour ne pas décevoir mon public. » (Yannick Noah, évoquant la finale des Internationaux de France 1983 devant Willander [1].)

— La nation :

En tant qu'incarnation de la France, le général de Gaulle était probablement à l'abri du trac.

— La révolution :

La plupart des orateurs spontanés de mai 68 étaient affranchis du trac. Hélas parfois pour le public : le trac aurait abrégé leurs interventions... La prise de parole s'apparente dans certains cas à l'effraction.

— Dieu :

Un laïc de vingt-quatre ans est invité par l'évêque de son diocèse à prêcher le Carême dans la cathédrale. Il parle, sans avoir rien préparé. L'inspiration du Saint-Esprit le prémunit contre le trac.

— L'amour (et l'amitié) :

Cyrano, parlant pour Christian, sous le balcon de Roxane.

— Soi-même :

« J'ai su que c'était l'épreuve de ma vie. » (Brigitte Simonetta lors de l'audition pour devenir présentatrice à la télévision.)

Le trac surgit chaque fois que l'on se soucie davantage de son image que de sa tâche. Le remède est simple : faire ce qu'on a à faire.

1. « Le Grand Echiquier », 16 avril 1984.

Etre soi-même

Au-delà de toutes les recettes et de tous les trucs, on débouche sur la solution ultime qui consiste à se reconnaître dans sa réalité, à être simplement soi-même, à faire confiance.

« Il ne faut jamais se dire que l'on va faire une " prestation " : cela risque de donner le trac. Il faut rester naturel, il faut rester soi-même. Si l'on est soi-même, je ne vois pas pourquoi l'on aurait le trac. » (Claude Pompidou.)

« Au début, je devais écrire le texte complet de mes conférences. Aujourd'hui, je parle sans la moindre note. Je pars devant moi comme le chasseur et son chien, avec aisance. » (Maurice Rheims.)

Cette attitude, naturelle en apparence, exige pour certains un effort sans cesse renouvelé :

« Il faudrait pouvoir être soi-même. C'est comme la liberté. Cela n'existe pas. On court vers cela toute sa vie, mais on ne peut l'atteindre. Après l'angoisse, on est un peu plus soi-même, et puis ça recommence. »

Et si la tension était inutile, s'il suffisait de s'abandonner ? Etre soi-même c'est aussi accepter, mieux, accueillir son trac comme une manifestation naturelle :

« Ma recette contre le trac ? Accepter ma peur, en parler. »

Ce remède, qui n'en est pas un à proprement parler, pour autant que toute notion d'effort pour « remédier » à la situation a disparu, s'avère cependant très efficace, même lorsque l'enjeu est d'importance, comme le démontre cette histoire vécue par un jeune informaticien.

Dans la grande entreprise où il était cadre, sa carrière était freinée par le trac intense qu'il éprouvait vis-à-vis de la hiérarchie. Il était terrorisé en particulier par son directeur général : à un dîner de fin d'année il se trouve assis en face de celui-ci ; il est pris d'une telle angoisse qu'il peut à peine répondre aux questions, et qu'il est même obligé à trois reprises de quitter la table pour aller vomir dans les toilettes. A quelques jours de là, il participe à une grande réunion commerciale qui regroupe, en présence du directeur, une vingtaine de cadres de haut niveau. La réunion se déroule dans un climat très pénible, lourd de sous-entendus, de conflits voilés. Les non-dits empêchent de résoudre les problèmes. Notre ami se sent affreusement mal à l'aise dans cette ambiance. Après avoir longtemps hésité, car il se demande si c'est bien là son rôle et s'il n'est pas en train d'usurper les prérogatives du directeur, il prend la parole pour exprimer simplement son désarroi et sa frustration, en restant le plus près possible de son ressenti. Cette intervention, qui témoigne de la vérité, coupe droit à travers le tissu d'ambiguïtés dans lequel chacun s'empêtrait et débloque une situation complètement figée. Le directeur le retient après la réunion et le félicite de son initiative. Il lui confiera peu après un poste de responsabilité. Avantage subsidiaire, ou primordial : la disparition définitive du trac chez le héros de cette aventure.

Quelques privilégiés ont la bonne fortune d'être spontanément eux-mêmes. Ainsi Julia Migenes-Johnson, la Carmen du film de Francesco Rosi :

« Je ne me prends pas pour une star et je chante parce que cela me fait plaisir. Le trac ? Non. La vie est trop courte pour avoir peur... »

Le temps ne fait rien à l'affaire. Lors d'un déjeuner officiel, une noble dame de quatre-vingt-cinq ans s'impatiente des rodomontades d'un général son voisin :

« Général, sans les Américains vous perdiez la guerre de 14 ; ne parlons pas de 40 ; ajoutons l'Indochine et l'Algérie : vous n'avez plus le droit à la parole, je vous prie de vous taire maintenant. »

Ce qu'il fit. Elle ajoute lorsqu'elle raconte cette échauffourée :

« Si à mon âge on ne pouvait pas dire tout ce qu'on pense... »

Certains se défendent de connaître le trac. Cela pourrait abîmer l'image qu'ils souhaitent donner au public, plus précisément, aux électeurs. Ainsi Jacques Chirac :

« Je ne voudrais pas paraître prétentieux, mais je ne suis pas sensible au trac. Je ne suis pas anxieux, ni compliqué. Je suis quelqu'un d'assez simple dans ses réactions. Je n'ai pas d' " états d'âme ". Je dors comme un plomb quelles que soient les circonstances ou les situations.

« Ça m'ennuie de dire que je n'ai pas le trac. C'est peut-être de l'inconscience. Je n'aime pas parler de moi. J'ai horreur de ça. Là je fais un petit effort. »

Sollicité de faire un petit effort supplémentaire, il reconnaît cependant, avec beaucoup de précautions oratoires, que le trac ne lui est peut-être pas complètement inconnu :

« Je ne me sens pas traqueur. Peut-être l'ai-je été dans le temps. Il faut que je remonte dans mes souvenirs.

« Lorsque j'ai passé le grand oral de l'E.N.A., épreuve très impressionnante quand on est jeune, j'avais une grippe carabinée, avec quarante de fièvre. Je crois bien que j'ai eu le trac. Le président du jury, Louis Joxe, m'a demandé de citer le nom d'un grand médecin de l'Antiquité. J'ai répondu " Hypocrite ", au lieu d'Hippocrate. Tout le monde a rigolé. C'était peut-être une manifestation de trac.

« Il me semble aussi que lors de ma première campagne électorale, en 1965, en Corrèze, je crois bien avoir connu un peu de trac. Il ne se passe rien de physique. Pour moi c'est très simple, je déjeune ou je dîne avant la réunion. Je casse une croûte pour me sentir confortable.

« J'ai simplement un peu peur de ne pas être comme il faudrait que je sois.

« Dans ma situation actuelle, voici les circonstances où je pourrais avoir le trac : une réunion publique devant cinq ou six mille personnes, ou à la tribune de l'Assemblée nationale. Je ne vois pas d'autres circonstances qui déclencheraient le trac. Quoi que l'on me dise qu'au début de mes émissions à la télévision je parais toujours un peu crispé. Mais je ne le ressens pas. Je n'ai pas peur. C'est juste un problème de rodage. »

L'exemple le plus extrême de naturel et d'insouciance par rapport au trac s'est produit à l'occasion d'une table ronde de psychologues et de psychiatres. Les débats se prolongent depuis bientôt deux heures. L'un des conférenciers se tortille, pris d'un besoin pressant. Il ne veut pas perdre un mot de l'échange en cours. Il s'empare de la carafe d'eau habituelle, la vide dans la plante verte de service, disparaît avec elle sous la nappe de la table de la conférence, et resurgit quelques instants après, soulagé. Il appliquait à la lettre cette maxime provoquante :

« Je n'ai pas le trac, je me fous de ce que pensent les autres. »

Sagesse, ou désinvolture ?

Être soi-même c'est se libérer de la crainte du jugement d'autrui :

« Il y a quelque temps, je luttais contre le trac en essayant d'oublier l'Autre en face de moi par un acte volontariste. Mais ça ne marchait pas à tous les coups. Maintenant j'ai de moins en moins peur de moi. Le regard de l'autre ne va pas me détruire. Son jugement peut m'aider, il ne peut pas me faire mourir. Je respire... »

Ce témoignage met en évidence l'équation : plus j'ai confiance en moi, moins j'ai peur des autres.

Le détachement

Le détachement quant au résultat de l'action entreprise marque une nouvelle étape dans le processus de libération. Lorsque la réussite cesse d'être un objectif, que le geste se suffit à lui-même, toute notion de comparaison ou de jugement disparaît, et il ne reste plus que le bonheur de l'instant. Le succès est donné par surcroît.

Michel Polac a consacré l'un de ses programmes de télévision aux skieurs, plongeurs, grimpeurs et autres funambules de l'impossible. Outre le caractère quasi magique de leurs exploits, et le respect, fort inhabituel dans cette émission, qu'ils se témoignaient mutuellement, le plus frappant était le fait qu'il n'y avait pour eux ni compétition ni record, et qu'ils ne connaissaient ni la peur ni le trac au moment de l'action, dont ils n'attendaient rien par ailleurs. L'enjeu était strictement personnel, et indissociable de l'épreuve.

Prendre le risque d'être soi-même, c'est-à-dire de s'exprimer sans exercer de censure préalable donne souvent de bons résultats dans la vie quotidienne. Une jeune femme est convoquée pour un entretien d'embauche. Elle se présente à l'heure dite. On la fait attendre trois quarts d'heure avant de l'introduire dans le bureau du directeur (méthode destinée à décontenancer le candidat et à le plonger dans un état de trac profitable à l'entreprise). Elle commence par se plaindre de ce traitement : « Je déteste perdre mon temps », puis négocie pied à pied les horaires, les conditions de travail, le salaire. Elle s'en va, satisfaite de s'être bien battue mais persuadée que le poste sera attribué à un autre. Le lendemain, coup de téléphone du directeur : « Vous êtes engagée : nous avons besoin de quelqu'un comme vous, avec du tempérament et du caractère. »

Le chemin que nous avons suivi à la recherche des remèdes au trac débouche sur les enseignements traditionnels de la sagesse. Il y est question de « lâcher prise » :

« Le lâcher prise, faire confiance à la situation, aux autres. Puis rompre le silence et parler. »

Cette confiance, cet abandon trouvent parfois des accents religieux :

« Dans ces situations, j'adopte une attitude intérieure : " Que Ta volonté soit faite. " »

On rejoint aussi le comportement du « guerrier », tel que Don Juan l'inculque à Castaneda : « Imagine que ta mort veille en permanence derrière ton épaule gauche, et agis en conséquence [1]. »

Ou le *Yi-King* : « Considère toute chose à la lumière de l'éternité de la fin [2]. »

Eiji Yoshikawa dépeint de façon magistrale l'attitude du guerrier lorsqu'il a atteint le degré suprême de détachement et de sérénité. Au dernier chapitre du grand roman *La Parfaite Lumière*, le héros, Myiamoto Musashi, s'apprête à affronter le samouraï le plus renommé et le plus dangereux du Japon. Il passe les heures précédant le combat à peindre une aquarelle depuis la fenêtre de son auberge. Puis il traverse en barque le bras de mer qui le sépare de l'île où l'attend son adversaire. Il goûte la fraîcheur de la brise, contemple les ébats des mouettes. Apercevant une rame brisée au fond de l'embarcation il décide d'en faire son arme pour le duel à venir, et il saute légèrement à terre pour rencontrer son destin.

Sur un mode moins dramatique, Michel Cresta décrit Edwin Fisher au piano :

« Lorsque Edwin Fisher s'apprêtait à jouer et qu'il s'asseyait au piano, au début d'un récital, la façon dont il recherchait son équilibre sur sa chaise, l'endroit précis où tout son corps allait reposer, était un poème. Equilibré par

1. Carlos Castaneda, *Voyage à Ixtluan*, Gallimard.
2. *Yi-King*, « Le Livre des Transformations », éd. Médicis.

rapport à lui-même, par rapport au monde qui l'entourait, le pianiste faisait corps avec l'univers [1]. »

Une autre pianiste, Catherine Collard, exprime avec fougue et abandon ce qu'elle ressent dans les mêmes circonstances :

« Je ne peux pas être plus moi-même que quand je donne un concert. C'est le seul moment de mon existence où je suis vraiment moi-même. Pendant que je joue, je suis seule, personne ne peut m'atteindre. J'ose aller au bout de ce que je suis. Je n'ai plus aucune pudeur. C'est pour cela que jouer me fait tant de bien. Je suis en parfaite adéquation avec moi-même. Plus j'ai de concerts et plus je me libère. Je n'ai pas besoin de psychanalyste. Donnez-moi ma dose de concerts et je vais bien. Les gens qui m'entourent seront heureux eux aussi : quand je joue je suis moi, et je me sens bien par rapport aux autres. Dans la vie quotidienne je suis obligée de composer, quand je joue, jamais. Je sais que ma manière de jouer peut gêner certaines personnes : c'est que je vais le plus loin possible. »

Dans l'instant qui suit le franchissement de la barrière de la peur et du trac, il arrive qu'on accède à un état sublime où les capacités sont magnifiées bien au-delà de nos limites habituelles, comme si l'on puisait dans des ressources inexploitées jusque-là :

« Perdre la parole préparée. S'en est présentée une nouvelle, inattendue, et bien meilleure. » (Pierre Solié, psychanalyste.)

« J'avais quinze ans. Je jouais, devant un public de parents d'élèves, au lycée, une pièce de Musset. J'interprétais le rôle du vieil oncle Van Buck, pris de boisson. Enorme trac avant l'entrée en scène, qui, face au public, s'est littéralement *converti* en une présence fantastique : j'*étais* le vieil

1. *Le Monde de la musique*, octobre 1984.

oncle, et *j'y étais*. Les indications de mise en scène n'avaient plus lieu d'être. Je vivais l'instant et dans la peau du personnage. Le souvenir de ces minutes est encore très présent. C'est pour lui sans doute que je fais du théâtre encore, plus que pour les lettres d'*amour* reçues le lendemain ! »

Une jeune femme était depuis quelque temps assistante dans un groupe de relaxation. Un jour, l'animateur en titre annonce aux participants, sans l'avoir prévenue, que c'est elle qui allait maintenant prendre le programme en charge :

« Après un instant de panique absolue, raconte-t-elle, mon esprit s'est vidé et je me suis lancée dans ma tâche inattendue, en ayant l'impression que *cela passait à travers moi.* »

Cet état d'aisance souveraine a duré tout l'après-midi.

Un violoniste constate, pendant le concert, une accélération du rythme cardiaque et une suractivité du cerveau qui englobe un nombre de données impressionnant. Le reste du temps, en comparaison, on fonctionne au ralenti.

L'explorateur Stanley chassait le roi des animaux au cœur de l'Afrique. Surgissant impromptu d'un fourré, un lion bondit sur le chasseur. A peine celui-ci a-t-il aperçu sa gueule grande ouverte et terrifiante, qu'elle se referme sur son épaule. Au moment même où il sent les crocs se rejoindre à travers sa chair, son effroi bascule dans un état de complète sérénité, et il prend conscience de l'harmonie universelle. Sur ce, les autres chasseurs, revenus sur leurs pas, transpercent le lion de leurs sagaies, et sauvent Stanley dont la vision du monde et de la destinée sera à jamais transformée par cette expérience. Il est définitivement affranchi de la peur.

Le résultat est proportionnel au risque encouru : il n'est pas indispensable de se laisser croquer par un lion pour se libérer du trac.

La fuite

Aux antipodes des approches préconisées jusqu'ici — qui consistent à devenir de plus en plus soi-même : la fuite.

Le refus pur et simple :

« Sous le feu de l'enthousiasme, en classe, je me propose de faire un exposé, oubliant complètement le trac. Etonnée de mon geste, je prépare avec un grand intérêt cet exposé. Une fois terminé, le trac commence, comment le présenter ? Les autres en face de moi ! Une semaine avant la date fixée, je me fais porter malade, comme si la panique entretenue dans ma tête interdisait toute action. Et l'exposé n'a jamais été présenté, " grâce " à la fuite ! »

Pourquoi se rendre malade ? Il faut savoir reconnaître et accepter ses limites. On devine d'ailleurs dans le témoignage ci-dessus une secrète satisfaction mâtinée d'humour ; comme si elle avait joué un bon tour à quelqu'un : à soi-même ? Aux auditeurs frustrés ? Qui le dira ? Le refuge dans l'anonymat du rôle fournit une solution moins radicale :

« Il y a des traducteurs qui préférent rester des *transmetteurs* anonymes. L'anonymat les protège du trac. »

Une jeune fille invitée à dîner s'attendait à se retrouver en tête à tête avec ses amis. Mais il s'agit d'une grande réception. Prise de panique à l'idée d'affronter la foule, elle se coule dans le rôle de servante, et passe tranquillement la soirée à aider la maîtresse de maison, portant les plateaux, lavant les verres et essuyant les cendriers.

Elle rejoint ainsi la stratégie du garçon de café magistralement exposée par Sartre dans *L'Être et le Néant*. Le garçon de café en question a choisi de se réduire au rang de pure instrumentalité. La dimension du « pour-soi » est abolie au profit du « pour-autrui ».

Mais vit-il vraiment dans ce cocon protecteur ?

La timidité est souvent un excellent paravent pour ne rien faire, et éviter ainsi toutes les occasions de rencontrer le trac :

« Je ne bouge pas de mon trou. »

On se perd en se sauvegardant. Priver les autres de soi-même, c'est se priver de soi-même.

7.

COMMUNIQUER

Les autres

Sans les autres, interlocuteurs, auditeurs, spectateurs, juges et témoins, il n'y aurait pas de trac.

L'amélioration des relations avec les autres est donc au moins aussi importante que le travail sur soi ou la préparation de la tâche.

Une certaine catégorie d'« autres » joue un rôle bien particulier dans la prévention ou l'atténuation du trac : les alliés. Collègues, confrères, coéquipiers, maris, épouses, parrains, maîtres, « gourous » ou formateurs, ils peuvent adoucir la terrible solitude du trac.

« Ce qui m'a le plus aidée, c'est la confiance de Woody [Allen]. Il sait mieux que moi ce que je peux faire et ce que je ne peux pas faire. Quand je suis seule, j'ai tendance à penser que je suis incapable de quoi que ce soit. Il m'a fait gagner en assurance. » (Mia Farrow.)

« Michel Drucker, qui est né avec un micro en guise de hochet, m'a montré le chemin. Son exemple m'a libérée du trac dans les interviews, d'abord à deux, puis seule. » (Monique Pivot.)

On raconte que Marlon Brando se faisait accompagner sur

le plateau de tournage par son psychothérapeute déguisé en maquilleur...

Les présentateurs sont précieux pour autant qu'ils adoucissent le premier contact de l'artiste ou du conférencier avec son public. A condition, bien sûr, qu'ils ne désamorcent pas une entrée en matière soigneusement préparée...

Souvent, dans les groupes de développement personnel, l'animateur, pour faciliter le démarrage, demande aux participants de présenter leur voisin plutôt que de se présenter eux-mêmes.

Le partenaire constitue un soutien et/ou une bouée de sauvetage :

« Cela nous aide beaucoup de bien nous connaître et d'interpréter souvent à deux. Toute situation difficile vécue seule a un caractère dramatique ; à deux on s'entraide. »

« J'ai le trac quand j'anime seul, jamais quand nous sommes deux. »

Il faut veiller à ce que cette situation confortable n'engendre pas un certain laisser-aller. A force de compter sur l'autre on risque de perdre de son élan et de son acuité. Un léger trac est préférable à l'endormissement.

Le couple fonctionne souvent comme un amortisseur d'angoisse. On peut le constater dans des groupes où participent maris et femmes : chacun met en avant l'avis de son conjoint plutôt que le sien propre, afin de se ménager une marge de sécurité, au détriment bien sûr de la spontanéité. L'époux, ou l'épouse, comme la paresse, est un mol oreiller.

Le groupe lui aussi protège du trac. Dans les épreuves difficiles, la solidarité, la confiance mutuelle soutiennent chaque participant (à moins, mais c'est l'exception, que le trac d'un seul contamine toute l'équipe).

Les comédiens connaissent bien ces effets :

« Quelque chose s'est noué progressivement entre nous à partir du désir de créer ensemble. Nous nous sentons responsables par rapport au projet, devant le metteur en scène et avec les autres. Nous avons appris à nous écouter les uns les autres. Nous avons confiance les uns dans les autres. Lorsque des tensions surgissent nous cherchons à les utiliser positivement dans notre travail. Grâce à cette préparation en commun, nous pouvons aborder le public avec moins d'anxiété.

« A un moment, j'ai eu peur du trou de mémoire. J'ai décidé d'improviser en faisant *confiance aux autres*, et aussitôt le texte est revenu. »

Sur un registre plus personnel, les timides des deux sexes préfèrent draguer à plusieurs. La traque en meute réduit le trac...

« Ils sont toujours là quand j'ai le trac », exprime l'une d'elles.

Il y a enfin les amis, connus ou inconnus :

« La première fois que je suis allée enseigner à la prison de Fresnes, j'avais le trac, difficulté à marcher naturellement, respiration pénible, les mains raides dans les poches de mon manteau. Un détenu qui s'occupait de la bibliothèque m'a demandé si j'avais le trac, pour mon premier cours, en me serrant la main. J'ai vraiment compris la valeur d'une poignée de main. J'étais bien. »

Parmi les alliés, dont ils constituent en quelque sorte l'avant-garde infiltrée dans les rangs du public, figurent la claque et les comparses. Ils peuvent apporter à l'artiste ou à l'orateur un soutien chaleureux ou une consolation appréciable. A condition d'éviter deux écueils : un zèle intempestif et embarrassant qui risque à la limite de retourner la salle contre vous ; et la défaillance du dernier moment qui vous laissera plus démuni que si vous vous étiez fié à vos seules forces.

Un conférencier minutieux avait planté dans la salle quelques amis. Leur mission : amorcer le débat par des questions soigneusement choisies pour mettre en valeur l'orateur.

Hélas, le silence attentif du public impressionna si fort les comparses que, pris de trac, ils furent incapables de prononcer un mot. Le conférencier dut clore la discussion avant même qu'elle ne s'ouvrît.

L'utilisation de ces alliés présente l'inconvénient de vous priver des réactions réelles du public. Il restera un doute sur l'effet de votre prestation, et le trac, colmaté un premier temps par ce stratagème, s'infiltrera par la brèche de l'incertitude à la prochaine occasion. Il s'agit donc d'un pis-aller à l'efficacité momentanée et non d'un moyen à long terme pour apprivoiser le trac.

Il est beaucoup plus fructueux de chercher à améliorer ses relations avec le vrai public.

« Le public, c'est plus chaud. Quand on est dans un état de grâce on peut aller aussi loin, au bout de ses possibilités, l'on se donne jusqu'au bout. On peut avoir des concerts sans trac, mais en général ce ne sont pas les meilleurs au point de vue de l'émotion. Ce ne sont pas ceux où l'on est le plus heureux.

« A mon avis ça vient du public. On sent tout de suite le public. Il y a le silence de qualité, à couper au couteau ou le silence superficiel. Le nombre de personnes compte. Ils dégagent une énergie commune qui nous porte (ou le contraire). » (Catherine Collard.)

La spirale de la communication

Le schéma classique des théories de l'information distingue l'émetteur, le message et le récepteur. Il met en évidence « l'effet en retour » (feedback) du récepteur sur l'émetteur, sans lequel il n'y a pas de communication effective : l'émetteur doit pouvoir vérifier que son message a été effectivement reçu. La figure qui peut le mieux représenter le circuit de la communication n'est ni la ligne droite, qui ne tient pas compte de cet effet en retour, ni même la boucle, trop statique, mais la *spirale* : à chaque tour l'émetteur est modifié par la réaction du récepteur. La spirale est ascendante lorsque l'émetteur réagit positivement aux réactions du récepteur, descendante lorsqu'il réagit négativement ; et elle se brise s'il n'en tient pas compte. Une claire conscience de ce mécanisme facilite la tâche du communicateur, et déjoue les pièges du trac, qui se déploient dans l'obscurité.

Il convient donc d'analyser les préjugés et les concepts erronés qui encombrent et qui brouillent l'esprit et l'imagination du communicateur quant à la nature des « autres », et de lui fournir les moyens d'accomplir sa tâche avec plus d'efficacité, et moins d'angoisse.

Le groupe n'existe pas

Une première erreur, si généralement répandue qu'elle est rarement reconnue comme telle, et qui exacerbe les craintes, consiste, chaque fois que l'on se trouve en présence d'une assemblée de gens, à les considérer comme un « groupe ». Et le groupe fait peur : on s'imagine seul contre une entité multiforme et changeante, régie par des lois ignorées, et que son flou même rend redoutable. En réalité, le groupe n'a aucune existence, c'est une abstraction, une construction de l'esprit. « Groupe » est le nom dont nous baptisons notre peur de rencontrer les autres.

Pour désamorcer le trac qui paralyse souvent les participants au début des groupes dits « de rencontre », l'animateur propose à chacun de regarder un à un tous les autres et de vérifier, pour chacune de ces personnes en particulier, si elle déclenche en lui un sentiment de peur. En règle générale, même si quelques personnes suscitent un peu d'appréhension (qui s'estompera d'ailleurs le plus souvent par la suite), ce tour de piste suffit à dénouer les angoisses. *Pris séparément, les autres cessent d'être terrifiants*. Un examen plus minutieux du processus révèle que les « traqueurs » gardent d'habitude les yeux baissés, ou regardent en l'air ou dans le vide. Croyant ainsi se protéger, ils se placent en fait dans une position de grande vulnérabilité. Le regard des autres envahit l'espace qu'ils refusent d'occuper, et les accule dans une coquille qui va se resserrant jusqu'au vide. Ils finissent par se réfugier dans l'absence absolue, aux autres puis à eux-mêmes. Le trac atteint là son summum.

Le moyen de briser ce cercle de passivité, c'est d'ouvrir les yeux et de regarder les autres, bref, de reprendre contact avec la réalité. Comment réagissent les autres au fait d'être considérés comme un groupe anonyme ? Blessés dans leur exigence essentielle d'être reconnus en tant que *personnes*, ils vont éprouver, voire manifester, du ressentiment, de l'agressivité envers celui qui les nie en leur refusant leur statut d'individu. On peut se faire une idée des effets suscités par ce type d'attitude, en imaginant ses propres réactions à des phrases telles que : « C'est bien d'une femme », ou « Tous les hommes sont comme ça ». Même sentiment d'injustice, même rancœur. Le climat se dégrade. Le communicateur est d'autant plus décontenancé par la froideur ou l'hostilité du public que, dans la majorité des cas, il ne soupçonne pas la nature du processus qu'il a inconsciemment mis en branle. Heurté à son tour, il risque de prendre un ton plus agressif qui déclenchera de nouveaux remous, etc. C'est la spirale descendante.

Le remède est simple : s'adresser aux personnes et non au groupe. C'est le secret de tous les grands communicateurs : chaque auditeur se sent personnellement visé, et touché. Mais comment faire quand il s'agit d'un groupe trop nombreux pour qu'on puisse entrer en contact direct avec chaque individu ? En fait il n'y a pas de différence fondamentale entre petits groupes et grands groupes. Il suffit dans tous les cas de se *représenter* les autres en tant que personnes. La disposition d'esprit compte plus que les manifestations tangibles.

On échappera de cette façon à l'antagonisme « seul contre tous », pour se retrouver, en sécurité, « un parmi les autres ».

Le pouvoir de l'orateur

Une deuxième erreur, crainte ou préjugé, porte sur la puissance respective du public et de l'orateur. Le trac attribue à la foule, aux spectateurs, aux autres, à l'autre, un pouvoir démesuré qui contraste douloureusement avec la faiblesse, la petitesse de celui qui va les affronter, misérable et vulnérable dans sa position d'exception.

Le pauvret dispose en réalité de la majorité des atouts :

Un avantage territorial et géographique d'abord, s'il sait l'utiliser. Il est sur son terrain, ou il a pu le reconnaître à l'avance. Il jouit d'une position élevée : scène, estrade, tribune, chaire ou podium ; ou centrale : stade, cirque ou théâtre en rond. Il dispose d'une vue d'ensemble sur la situation, tout en étant le point de mire de tous les regards. Il bénéficie enfin, s'il le désire, d'une certaine liberté de mouvements. Bref, d'un point de vue stratégique, il est le maître du jeu.

Il a l'initiative des opérations : le public, venu pour lui, pour le voir et l'entendre, est dans une situation de demande et d'attente, donc passif. Il dispose, dans certains cas, d'une relative latitude quant au temps. Il choisit l'instant où commencer et où finir, et fixe, à l'intérieur de ces limites, le rythme, le tempo, les pauses, les coupures et les reprises. Avec les bis, il tient en suspense l'auditoire, jouant sur le double registre de la satisfaction et de la frustration.

Il sait ce qu'il va dire ou faire. Il a, du moins on l'espère, une vision d'ensemble de sa prestation, qui lui permet à tout moment de se repérer. La position d'auditeur exige beaucoup plus d'attention et d'énergie, contrairement aux apparences, que celle d'orateur. L'auditeur doit en effet, pour suivre, précéder. Il invente, produit, en permanence, des hypothèses sur le cheminement à venir de la pensée de l'orateur, pour écarter successivement celles qui se révèlent erronées, cela, tout en gardant en mémoire, à moins de perdre le fil du discours, l'essentiel de ce qui a été dit précédemment.

Le comble est qu'il doit payer pour accomplir ces prouesses intellectuelles alors que l'orateur, qui bénéficie déjà d'avantages considérables, reçoit son argent. Configuration voisine de celle de l'analyste et de son client...

Si toute communication est hypnose, comme le soutiennent les théoriciens de la programmation neuro linguistique, dernier avatar des théories de la communication, l'orateur tient le rôle de l'hypnotiseur.

L'illusion de l'omniscience du public

Le « traqueur » s'imagine être le centre de tous les regards et de toutes les attentions. C'est d'ailleurs la conscience, ou l'illusion, d'occuper cette place prééminente qui suscite en partie le trac.

Que cela soit pour vous un soulagement ou un regret, persuadez-vous que vous n'êtes pas l'objet principal des préoccupations d'autrui, ni la cause essentielle de leur état d'âme. Si quelqu'un, par exemple, se montre de mauvaise humeur, ce n'est pas obligatoirement de votre faute. Il a le droit d'avoir des soucis personnels indépendamment de vous. Mais que vous vous attribuiez la responsabilité de sa colère, et elle se retournera contre vous : les sentiments cherchent toujours des objets auxquels s'accrocher, et qui les justifient.

Une autre illusion très fréquente, c'est que les autres savent ce que nous pensons et ressentons, et notre angoisse augmente de se sentir percée à jour. Les autres ne savent pas que vous avez le trac. Faites donc comme si vous ne l'aviez pas.

Les autres ignorent ce qui se passe dans notre tête, tous les fantasmes et toutes les illusions que nous chérissons en secret. Ils ne savent pas à qui nous aimerions ressembler. Ils ne mesurent pas le douloureux écart entre ce que nous sommes et ce que nous souhaiterions être. Ils nous voient dans notre réalité immédiate, tels que nous sommes vraiment.

Les perfectionnistes, parmi lesquels se recrute la majorité des traqueurs, et c'est là leur malédiction, ont sans cesse à l'esprit le *manque* par rapport au modèle qu'ils se sont fixé (pour répondre aux exigences parentales, ou à ce qu'ils ont cru être ces exigences). Au lieu de voir ce qui est, ils se polarisent sur le décalage entre l'idéal et la réalité. Ils vivent donc dans le néant, pire, dans le moins que rien, la soustraction. Ils peuvent bien avoir atteint l'échelon 99, ils négligeront cet acquis considérable pour se concentrer sur la malheureuse unité qui les sépare de la centaine espérée. Ils oublieront (+ 99) et ne verront que (— 1). Englués dans cette vision négative, ils récuseront en outre comme illusoires, voire manipulatrices et suspectes les images et les réactions positives que les autres leur renvoient en toute bonne foi et en parfaite lumière.

Le trac surgit dans ce vide, dans cette béance douloureuse, honteuse et coupable, qui creuse un gouffre entre ce que nous sommes et ce que nous voudrions être.

L'attente des autres

« Peut-être les gens qui me croisent voient-ils simplement une quinquagénaire qui n'est ni bien ni mal, elle a l'âge qu'elle a. Mais moi, je vois mon ancienne tête où une vérole s'est mise dont je ne guérirai pas. » (Simone de Beauvoir [1].)

Les autres n'attendent rien de nous. Vous êtes grand,

1. *La Force des Choses*, II, « Folio », Gallimard.

chauve et colérique. Pour eux, vous pourriez tout aussi bien être petit, frisé et enjoué. Vous voyez pour la première fois en chair et en os une personne que vous avez jusqu'ici simplement entendue au téléphone. La réalité coïncide rarement avec ce que vous imaginiez. L'autre pourrait être totalement différent de ce qu'il est, que vous ne verriez jamais la différence... Cet exemple familier démontre que nous n'attendons rien de l'autre *a priori*. Partant, que nous sommes absolument libres d'être ce que nous voulons.

La situation se complique, hélas, dès la deuxième rencontre. Nous allons abandonner notre liberté au profit de la sécurité que donne la continuité. Les autres exercent une vive pression pour que nous restions semblable à ce que nous étions la première fois : cela leur évite d'avoir eux-mêmes à changer, la chose au monde la plus redoutable. Nous rassurons lorsque nous nous comportons toujours de la même manière. La liberté, la nôtre comme celle des autres, donne le vertige. Le caractère, que nous prenons pour l'essence même de la personne, est en réalité ce qui permet aux autres de prévoir nos actions. Il est effectivement bien confortable pour les autres de savoir à l'avance quelles seront nos réactions en toute circonstance. C'est une commodité pour eux. Evitons que cela ne devienne une fatalité pour nous...

La malveillance du public

Autre erreur à redresser : la malveillance du public, ou, plus généralement « les gens sont méchants ». Ils ne le sont en fait qu'exceptionnellement, et dans le cadre d'institutions bien établies, telles que les combats de catch, les réunions électorales contradictoires, les jeux du cirque romains, les rencontres sportives internationales, etc.

Notons d'abord que le public ne manifeste généralement sa malveillance qu'à l'égard d'une partie des protagonistes, ceux qui appartiennent à l'équipe adverse, réservant aux autres, les « bons », un soutien inconditionnel. L'Ange blanc, la majorité (ou l'opposition), les lions, l'équipe du cru trouvent dans cette ferveur populaire un puissant dérivatif au trac. Quant aux autres, les méchants, les autres vraiment autres, le Bourreau de Béthune, l'opposition (ou la majorité), les chrétiens, les étrangers, qu'ils se souviennent que la colère, et le flot d'adrénaline qu'elle libère, fonctionne également comme un énergique remède anti-trac. (Ajoutons, peu chrétiennement, pour les chrétiens dans l'arène, que l'adrénaline gâchera en outre le repas des fauves.)

Les adversaires se trouvent donc à égalité de chances par rapport au trac.

Les méchants d'autre part ne le sont peut-être pas autant qu'on l'imagine. Même les examinateurs, bêtes noires des postulants bacheliers et autres candidats, comme en témoigne un professeur :

« Les élèves nous prennent souvent pour des bourreaux, ou des êtres désincarnés, comme si nous n'avions jamais subi d'examens ! Nous ne cherchons pas à les couler, mais à sortir le meilleur d'eux-mêmes. Leur agressivité cache une réelle timidité. Je le sais et je tente de les mettre en confiance par un sourire ou une conversation plus détendue. Quand l'un perd les pédales ou fait un contresens, cela ne veut pas dire que c'est définitivement perdu, bien au contraire. Les larmes ne servent à rien et ne m'attendrissent pas. Par contre, si le candidat prend sur lui et s'efforce de reprendre en main la situation, il peut fort bien s'en sortir, avec une note satisfaisante [1]. »

Ce qui est certain, c'est que traiter l'autre en adversaire le rendra forcément méchant.

A l'époque de la ruée vers l'Ouest, aux Etats-Unis, un émigrant de fraîche date, tout en se faisant raser, interroge le

1. Bénédicte Sichère, « Prenez le bac d'assaut », *Vingt ans*, juin 1984.

coiffeur de la petite ville où il compte s'établir :

« Comment sont les gens ici ?

« — Comment étaient les gens là d'où vous venez ? répond le coiffeur.

« — Hargneux, désagréables, avares et rancuniers.

« — Eh bien, les gens d'ici sont exactement pareils. »

Un autre pionnier, le lendemain, interroge à son tour le coiffeur sur le comportement des autochtones :

« Et comment étaient les gens là d'où vous venez ? réplique à nouveau le coiffeur.

« — Aimables, serviables et généreux.

« — Vous trouverez les gens d'ici absolument semblables. »

Une histoire vécue corrobore cette parabole :

« Une de mes amies a échoué à l'oral du doctorat à cause du trac. Sa thèse était très solide et elle connaissait son sujet à fond. En arrivant pour la présentation, elle a cru entendre de la part du jury des commentaires désobligeants sur son travail (alors que, elle l'a su après, ils parlaient de quelqu'un d'autre). Persuadée de leur hostilité, elle les aborde de façon très agressive. Ils réagissent de même. Le trac alors l'envahit ; elle est incapable de dire un mot, de répondre aux questions, et elle échoue, alors qu'elle avait tout pour réussir. »

Les autres sont aussi changeants et versatiles que nous-même. Ils se modifient en permanence au contact de l'environnement et des voisins. Vous pouvez exercer une action sur eux. Les jeux ne sont pas faits d'avance. Votre influence sera d'autant plus forte et plus efficace que vous vous impliquerez davantage dans la relation. Les autres se comportent avec nous exactement comme nous nous comportons avec eux. Si vous leur faites la gueule, ils vous feront la gueule ; si vous leur souriez (un vrai sourire, un sourire du cœur et non seulement des lèvres) ils vous souriront. Faites donc l'expérience de pénétrer dans un lieu public le front plissé, la bouche serrée, le maintien rigide : les autres vous renverront votre image déplaisante en miroir, à moins qu'ils ne vous tournent le dos. Puis, changez d'expression et de comportement. Montrez-vous affable, détendu, enjoué. L'atmosphère changera aussitôt. Comme l'expliqua Aldous Huxley dans son roman *Les Profondeurs de la mer*, traitez les hommes en cloportes et ils vous traiteront de même à la première occasion. Traitez-les en êtres humains, et ils vous rendront la pareille. Bref, pour être aimés, soyez aimable. La recette est simple, mais rarement appliquée. Dans la majorité des cas, on choisit pour être aimé et reconnu des moyens qui vont directement à l'encontre du but visé : le silence, la bouderie, l'apitoiement sur soi-même, les demandes impératives, les questions intempestives, l'agressivité, le mépris. En espérant, contre tout espoir, que les autres, d'un grand élan d'amour, franchiront les obstacles que vous avez dressés sur leur chemin, pour vous manifester un intérêt d'autant plus méritoire et précieux que vous aurez tout fait pour les décourager...

Il est souvent possible, sinon de transformer sur-le-champ des adversaires en alliés, du moins d'émousser leurs attaques et de les apprivoiser de telle sorte que leurs interventions cessent d'être des obstacles à la communication et des occasions de trac. Il suffit en général de leur accorder un minimum d'écoute et de respect. Leur violence, si violence il y a, se calmera faute de rencontrer un obstacle à la mesure de son intensité, et, si leur mauvaise foi éclate à l'évidence, le public se rangera de votre côté.

Dans les situations de trac en tête à tête, lors d'une rencontre avec un personnage impressionnant par exemple, ou avec quelqu'un de connu pour son mauvais caractère, la même approche en douceur donnera généralement de bons résultats. Par contre, si vous arrivez protégé derrière votre bouclier, vous susciterez automatiquement des réactions agressives.

Pour vous ce bouclier apparaît en effet comme une simple mesure protectrice, mais l'autre le perçoit comme un signal d'alarme : tout bouclier est susceptible de cacher une arme.

Aussitôt il revêt son armure, ce qui vous confirme dans l'idée qu'il est effectivement dangereux. Vous renforcez donc vos défenses, qui apparaissent comme autant de menaces. La situation se durcit. Bientôt c'est l'attaque, la fuite, ou, le plus souvent, la fermeture et l'installation permanente dans les camps retranchés, d'où il vous sera de plus en plus difficile de sortir.

Vous aborderez une prochaine rencontre renforcé dans votre conviction que l'autre est dangereux, donc avec un trac augmenté, selon le processus décrit ci-dessus, que les Anglo-Saxons baptisent *self-fulfilling prophecy*, une prophétie qui « s'autogénère ».

Conclusion : *Si vis pacem, para pacem*, « Si tu veux la paix, prépare la paix ».

La bienveillance du public

Les autres, le public, sont généralement bienveillants, et s'ils sont malveillants, ce n'est pas irrémédiable.

Le public est forcément bien disposé à votre égard. Il a fait le premier pas, il s'est dérangé pour vous voir ou pour vous entendre. Il s'apprête à être intéressé, diverti ou enchanté. Sa disposition première est l'ouverture. Vous bénéficiez du préjugé favorable. A vous d'en profiter.

Les spectateurs tirent de la conscience de leur masse un sentiment de sécurité extrêmement confortable. Ils occupent par excellence la position anti-trac. On ne leur demandera rien. Ils n'ont pas besoin de se manifester, sinon par leurs applaudissements éventuels. Souvenez-vous *a contrario* combien fragile était la sécurité dans la salle de classe, chacun sous la menace d'être désigné pour répondre, d'être obligé à se manifester ; le trac sous sa forme larvée, en permanence, et qui brusquement s'amplifiait lorsque le doigt fatidique s'arrêtait sur vous ; et l'intensité du soulagement lorsqu'un autre était visé...

La bienveillance du public augmente avec le nombre. A l'inverse, lorsque les spectateurs sont moins nombreux que les artistes, le trac change de camp.

De son lieu de sécurité et d'ouverture, le public peut se permettre d'être indulgent. Il s'émeut aux manifestations du trac chez celui qui a pris le risque de se montrer devant lui. Un publicitaire raconte :

« Lors d'une conférence sur la publicité radiophonique à l'I.R.E.P. [Institut de recherches et d'études publicitaires], devant un public de professionnels parmi lesquels un certain nombre de jeunes loups endurcis, souhaitant démontrer de façon tangible tout ce qui peut se passer en trente secondes, durée classique d'un message, d'un spot radio, quelques instants après le début de mon exposé, je feins le trou de mémoire et je reste silencieux pendant trente très longues secondes. J'ai senti alors dans la salle une profonde vague de sympathie, mêlée au désespoir de ne pouvoir m'aider à sortir de mon embarras et de mon mutisme. Ils avaient tous envie de me souffler la suite. J'ai même dû rassurer d'un petit geste de la main les autres conférenciers à la tribune qui, pris de trac devant ce blanc, s'apprêtaient à combler ce vide, gâchant ainsi ma démonstration. J'ai pris conscience aussi, après coup, que si les spectateurs avaient apprécié intellectuellement mon effet, et si mon message était bien passé, ils me gardaient cependant rancune d'avoir ainsi délibérément joué avec leurs sentiments et leurs émotions. »

Une animatrice nous a raconté qu'elle avait vécu une situation analogue, mais « pour de vrai », lors de son premier groupe : le trou, le vide complet. Elle avoue son trac avec simplicité et présente ses excuses pour ce contretemps. Aussitôt elle retrouve ses idées et reprend son exposé. A la pause, de nombreux participants l'ont entourée pour la consoler et l'encourager. Le public est toujours prêt à s'émouvoir, mais il déteste être trompé. Si vous avez le trac, ne comptez pas l'apitoyer par des minauderies, ni lui donner le change par une assurance forcée et agressive. Seul paye le naturel.

Les « réactions secondes » au trac

Dans le schéma, simplifié, du processus de communication qui nous a servi de fil conducteur, nous avons omis jusqu'ici un facteur important. A côté de l'effet en retour qui s'exerce du récepteur vers l'émetteur et qui modifie la communication de façon positive ou négative, il existe un effet en retour « autoréflexif », une boucle qui part de l'émetteur et qui revient à l'émetteur au plan de l'imaginaire, sans transiter par le public, mais dont les répercussions risquent de parasiter la communication avec celui-ci. Ce sont les « réactions secondes » au trac. En voici quelques exemples :

« Beaucoup d'enfants ayant de grands besoins affectifs ont le trac dans un groupe : ils ont peur de ne pas être accueillis et reconnus. Cette crainte se transforme en agressivité. »

« Quand j'ai le trac, je me réfugie dans l'arrogance. On prend délibérément, ou on essaye de prendre, le dessus sur l'autre par l'agressivité ou par une forme d'humour ironique qui fait mal à l'autre. Je fais ça quand je suis timide. » (Une jeune fille de dix-sept ans.)

« Je deviens insolent. » (Un cadre supérieur.)

« Le sentiment de méfiance vis-à-vis de l'autre se réveille. » (Une enseignante.)

« Je dis non à tout et à tous. » (Une employée de banque.)

« Je me mets en arrière. » (Un écrivain.)

« Aussitôt, c'est l'instinct de fuite qui s'éveille. »

C'est probablement pour se protéger du trac qu'un Michel

Jobert adopte volontiers un ton ironique qui déconcerte autant ses adversaires que ses électeurs potentiels.

D'autres choisissent « une excessive politesse », ou « la séduction ». Bref, dès les premières atteintes du mal, chacun saisit dans sa panoplie son arme préférée, sans se soucier le moins du monde des réactions que cette attitude va provoquer chez le ou les interlocuteurs. Elles sont pourtant faciles à imaginer à la simple lecture de ces témoignages. Les « remèdes » en question vont obligatoirement aggraver le trac, dans l'immédiat et pour l'avenir.

Sur le registre voisin de la peur, la mère qui gifle l'enfant qui vient de manquer de se noyer ou de se faire écraser fonctionne sur un modèle analogue.

Quoique les répercussions en soient beaucoup moins graves, il faut veiller à une autre réaction seconde au trac, qui consiste, dans le soulagement de l'angoisse dépassée, à ne plus pouvoir s'arrêter, à dépasser les limites, à s'incruster. Porté par un élan d'autant plus vif qu'il a été longtemps refréné, on néglige les signes d'impatience chez son interlocuteur ou dans le public, et on finit par le lasser. Les réactions alors peuvent être aussi brutales que déconcertantes.

Toutes ces réactions secondes se caractérisent par le fait que le traqueur perd de vue l'autre, s'obnubile lui-soi-même, sur ses états d'âme. Le trac prospère en ce champ clos.

Entrer en contact avec les autres

Après la mise en condition personnelle et la concentration sur l'action ou la tâche à accomplir, le travail sur l'amélioration du contact avec les autres achève la triangulation sur laquelle repose le système de défense contre le trac.

Le trac se nourrit de mystère. La première étape va donc tout naturellement consister à réduire la part d'inconnu en cherchant à connaître ces autres devant lesquels il va falloir se manifester, cela, avec le double objectif d'améliorer l'efficacité de la communication, tout en réduisant le trac.

Ainsi, tel candidat à un grand concours se renseigne à l'avance sur les examinateurs, interroge les étudiants de la promotion précédente pour connaître leurs habitudes ou leurs manies, parcourt les ouvrages qu'ils ont publiés, et se présente à l'oral avec une assurance solidement étayée.

Napoléon, qui ne connaissait probablement pas le trac, il est vrai, procédait de la même manière lorsqu'il interrogeait le colonel du régiment avant d'aller pincer la joue de quelques grognards soigneusement choisis.

Les politiciens adoptent une procédure analogue lors des réunions électorales :

« Pour être convaincant, je dois savoir qui est et ce que pense le type là-bas, qui est roux, paysan, et qui écoute ce que je dis. »

Il convient ensuite d'adapter le contenu et le ton du message au public visé. Les publicitaires ont poussé très loin la recherche dans ce domaine avec les enquêtes, les sondages, les tests et les panels, qui leur permettent de « cibler » leurs campagnes avec le maximum d'efficacité.

Il existe aux Etats-Unis une machine à écrire informatisée qui signale si le texte frappé est accessible aux lecteurs auxquels il s'adresse. Le programme prend en compte les critères de lisibilité, longueur des phrases, fréquence d'utilisation des termes employés, complexité de la structure syntaxique, etc., en fonction des niveaux de culture. L'auteur n'a plus qu'à recommencer sa page d'écriture s'il a visé trop haut, ou trop bas.

Milton Erickson, un psychiatre américain génial, et après lui l'école de Palo Alto et la programmation neurolinguistique fondent une partie de leur travail thérapeutique sur l'utilisation par le soignant du langage propre à chaque client.

Écouter

Il est bon de se ménager des étapes dans la prise de contact avec l'autre, de prendre le temps de l'écouter, de l'observer, voire de le faire parler.

Un cas extrême (qui concerne, il est vrai, davantage la communication que le trac, mais dont l'enseignement profond peut être étendu à de multiples situations) : Milton Erickson est confronté, dans un hôpital psychiatrique, à un malade considéré comme absolument incurable. Depuis une dizaine d'années, en effet, celui-ci refuse toute communication et soliloque dans un langage délirant de son invention, incompréhensible pour tous. Erickson commence par passer de longues heures en sa compagnie, écoutant en silence sa litanie d'onomatopées et de mots dénués de sens, se familiarisant peu à peu avec les sonorités, les intonations, les répétitions, les rythmes et les structures. Le soir, dans sa chambre, il s'entraîne à parler comme le malade, jusqu'au jour où il se sent prêt. Ils sont assis tous deux sur un banc. Le malade reprend son souffle après un discours ininterrompu d'une demi-heure. Milton Erickson enchaîne par une péroraison similaire de son cru, d'une demi-heure également. Le lendemain le même manège se reproduit, cette fois une heure chacun. Le troisième jour le malade tient la distance de deux heures, Milton Erickson relève le défi. Lorsqu'il a terminé son marathon, le malade le regarde dans les yeux, ce qu'il n'avait pas fait jusqu'alors et lui dit : « Et si nous parlions normalement maintenant ? » Un vrai dialogue s'engage entre les deux hommes, entrecoupé de temps à autre par des rechutes dans la logorrhée d'antan (auquel cas Milton réplique dans la même veine). Quinze jours après, le patient quitte l'hôpital, guéri. Chaque année il rend visite au psychiatre ; la conversation commence toujours par quelques minutes de « verbiage », rappel de leur ancienne complicité, et se poursuit amicalement en bon anglais.

Ce « miracle » tient à la qualité de l'écoute, laquelle dépend du respect de l'autre, de sa personnalité, de son langage et de son rythme.

Or, en situation de trac, on est souvent tenté, pour échapper à l'angoisse, de précipiter les choses, de foncer à corps perdu, sans se soucier de son ou de ses interlocuteurs.

Dans un one-man-show par exemple, surtout lorsqu'il y a une part d'improvisation, l'artiste doit développer sa sensibilité à tout ce qui se passe dans la salle, et nourrir son inspiration des réactions du public.

De même, lors d'une rencontre intimidante, ou dans un groupe, laissez les autres prendre les devants : ils vous fourniront souvent des indications précieuses qui vous permettront d'intervenir avec plus d'assurance par la suite.

Une femme extraordinaire, qui, à quatre-vingt-dix ans passés, voyage encore à travers l'Europe pour aider de ses conseils ceux qui viennent la voir, m'a raconté la façon dont elle prenait contact avec le public lorsqu'elle était comédienne : elle entrait sur scène en *expirant*. Les acteurs, souvent, *inspirent* en faisant leur entrée, pour se donner du courage. S'imposant ainsi au public, auquel, littéralement, ils « pompent l'air », ils déclenchent, même si c'est de façon imperceptible, une certaine agressivité en retour. L'approche par l'expiration, par contre, dans son humilité, rassure les spectateurs : on leur donne au lieu de prendre. Elle concevait la fonction du comédien comme étant de répondre en permanence aux questions que les spectateurs se posent inconsciemment sur les personnages, leurs sentiments, leurs désirs, leurs objectifs.

Etymologiquement, conspirer signifie respirer ensemble. L'attention portée à sa propre respiration constitue, nous l'avons vu, l'un des remèdes les plus efficaces contre le trac. A un niveau de conscience supérieur, la « conspiration », l'harmonisation des respirations, crée un climat de confiance dans lequel le trac se dissout naturellement.

Le contact du regard a des effets comparables. Si le trac

menace, allez puiser dans le regard des autres, ou d'un autre, le soutien dont vous avez besoin. Repérez à l'avance dans le public quelques personnes qui vous paraissent sympathiques...

Ces échanges de regards, comme le flux et le reflux synchronisés de la respiration, créent une atmosphère de convivialité entre le public et celui qui se manifeste, et allègent pour celui-ci le fardeau de la solitude. Le sourire, à condition de n'en point abuser, remplit une fonction similaire.

Dans le même ordre d'idées, un interprète de conférences a découvert que le fait de se présenter personnellement au micro avant son intervention établissait un lien plus intime avec les auditeurs, et réduisait d'autant son trac.

Cette ouverture, cette orientation vers l'autre, cette recherche du contact, qui suscitent la complicité du public, peuvent être efficacement complétées par le souci de lui faciliter la tâche.

« Une bonne façon de lutter contre le trac, c'est de se dire : je suis à l'écoute des gens. Je vais essayer de comprendre ce qu'ils attendent de moi. » (Michel Meignant.)

« Les gens ont rarement le trac devant moi. Ils se sentent en confiance, heureux et bien dans leur peau. Je ne sais pas pourquoi. Peut-être parce que je m'intéresse à eux, à ce qu'ils sont, à ce qu'ils font, plus qu'à moi-même. » (Pierre Bellemare.)

Ainsi, pour un animateur ou un conférencier, annoncer le programme, préciser les horaires, indiquer par exemple à quel moment les participants ou les auditeurs pourront poser des questions ou exprimer leur point de vue, fournit un cadre de référence rassurant pour le public, et pour le présentateur lui-même.

Si le public est satisfait de sa position de passivité, il n'en demeure pas moins avide de participation. Le traqueur ingénieux réussira à se décharger d'une partie de son anxiété sur les spectateurs en sollicitant leurs interventions, sous forme de remarques, de suggestions ou de questions. Il se libérera subrepticement d'une partie de la responsabilité qui lui pèse. Dans des situations périlleuses la fonction de conciliateur est préférable à celle de bouc émissaire.

Plutôt que de se contempler le nombril, il vaut donc mieux se tourner vers les autres. En matière de trac, « l'Enfer, c'est soi-même. » Les autres seraient-ils le Paradis ? Un témoignage le laisse entendre :

« Je me rappelle, quand j'ai le trac, qu'étant tous d'essence divine, nous allons forcément nous entendre sur l'essentiel. »

Les autres, eux aussi, ont le trac

Emprisonné avec soi-même dans la solitude du trac, on oublie souvent que les autres sont également sujets à son emprise et à ses tourments. Mais il suffit de poser la question : « Votre interlocuteur a le trac. Comment faites-vous pour le mettre à l'aise ? », pour que les langues se délient et qu'affluent conseils et remèdes. Les personnes interrogées sont même beaucoup plus disertes et imaginatives quand il s'agit de soigner les autres qu'elles-mêmes ; ce qui vient confirmer l'hypothèse que le public, les autres, sont généralement bienveillants.

Les attitudes et les comportements adoptés pour atténuer le trac chez son vis-à-vis fournissent des indications précieuses sur la façon dont chacun souhaiterait être traité en pareilles circonstances et présentent sous un jour complémentaire, et en quelque sorte inversés, les remèdes utilisés pour soi-même.

D'abord, détendre et rassurer :

« Je n'aime pas que les gens aient le trac devant moi. Tous les jeudis après-midi, je reçois mes administrés à la mairie. Mon réflexe est de les mettre à l'aise : quand les gens ont le trac, ils ne sont plus eux-mêmes, ils disent n'importe quoi, et ils oublient les choses pour lesquelles ils étaient venus.

« Pour les mettre à l'aise, je recherche la simplicité dans les gestes, les mots, et l'expression des yeux. » (Michel Giraud.)

« Dans mon activité de chasseur de têtes, j'adopte une attitude ouverte, neutre et bienveillante. Il est important de faire comprendre aux gens que notre plus grand désir est qu'ils soient adaptés aux postes que nous cherchons à pourvoir. Un examinateur se fait une réputation par les gens qu'il recale. Un chasseur de têtes, par les gens qu'il trouve.

« Nous ne nous préoccupons pas du trac manifesté par les candidats, sauf si leur fonction implique de s'exprimer en public. » (Bernard Krief.)

« Je le décontracte par une attitude familière et éventuellement maternante. »

« Je lui offre quelque chose à boire. »

« Je souris, je parle doucement de choses et d'autres. Je n'aborde pas de front le sujet de l'entretien ; je m'intéresse à des choses " ordinaires " (le temps qu'il fait, la circulation) ; je recherche des points communs qui établissent un pont. J'essaye. »

Il s'agit là de fournir des repères familiers, de reconstituer l'atmosphère du foyer, à la limite, par le maternage et la boisson, de replacer le traqueur dans l'état de sécurité de la petite enfance...

L'un des moyens les plus efficaces pour mettre l'autre à l'aise, c'est de lui faire comprendre qu'il n'est ni le premier ni le seul à connaître ces angoisses :

« Je le reconnais dans cette faiblesse qu'il me montre, et qui est aussi la mienne dans d'autres circonstances. »

« Je ne parle pas. Mon regard seul essaye de lui dire : " N'aie pas peur, je suis faillible, tu es faillible, nous respirons ensemble le même air. " »

La relation est ici plus fraternelle que parentale.

Pour dénouer la langue et libérer la parole bloquée, il suffit le plus souvent de se mettre à l'écoute, et de donner quelques encouragements. C'est la méthode utilisée par Valéry Giscard d'Estaing :

« Les autres, je le sais, sont impressionnés par ma stature. Donc, dès que quelqu'un rentre, qui m'est sympathique, je me lève et je m'installe avec lui dans le coin salon. Je mets les gens à l'aise en les écoutant beaucoup. Je dis : " Alors, racontez-moi. " En général ils sont très vite à l'aise et perdent leur timidité. »

Jacques Chirac, lui, pense ne pas inspirer le trac :

« Je n'ai jamais vu de gens crispés ou pétrifiés en arrivant chez moi. Ou je n'en ai pas pris conscience, ou je n'en ai pas gardé le souvenir. Si par hasard c'est arrivé, cela n'a pas dû durer bien longtemps. Devant Valéry Giscard d'Estaing, les gens ont peut-être le trac, jamais devant de Gaulle, Pompidou ou Mitterrand. »

Gaston Defferre n'est pas du même avis :

« De Gaulle, Mendès France et Mitterrand sont des personnages impressionnants. Quant à moi, je n'ai pas le sentiment que les autres aient le trac devant moi : je suis d'un abord facile et généralement de bonne humeur. »

En tant qu'interviewers, c'est bien l'impression qu'il nous a donnée.

La « reformulation », dont Carl Rogers a fait l'un des pivots de sa démarche thérapeutique, facilite la confiance et la détente, en garantissant à l'interlocuteur qu'il a bien été compris :

« J'essaie de ne pas trop le regarder, de parler lentement, de " reformuler " la phrase sur laquelle il s'est bloqué. »

Certains ont recours à des encouragements plus positifs, ou plus volontaristes.

« Je l'encourage en lui rappelant qu'il, ou elle, est assez fort, ou forte, pour affronter la situation. Qu'il en a vu d'autres et s'en est bien tiré. »

« Je lui dis que tous les monstres sont des princes qui attendent qu'on leur tende la main. » (Pierre Solié, psychanalyste.)

Une psychothérapeute utilise toute une gamme de moyens :

« Je lui souris. Je me montre compréhensive et bienveillante. Parfois, j'agis de façon étrange : je fouille dans mon sac, ne sais plus ce que j'ai fait de mon carnet, etc. Mon apparence quelque peu égarée... le rassure. Cela m'est arrivé dernièrement avec un client très bloqué, que mon attitude bizarre, " évaporée " a apparemment détendu car il a pu se mettre à parler. Dans ce cas c'est une sorte de jeu de miroir où je prends en charge le trac pour le " mettre en scène ". Cela n'est pas *volontaire*, mais conscient... »

Nombreux sont ceux qui préfèrent changer de sujet, parler d'autre chose en feignant de ne s'être aperçus de rien :

« Je n'y fais pas attention : si j'essaye de le mettre à l'aise de façon trop délibérée, il s'en apercevra et se sentira encore plus gauche. »

L'humour, le sourire, le rire et la respiration sont des ingrédients classiques.

« Quand je sens qu'il y a beaucoup d'angoisse sur le plateau, et qu'il y a plus de gens mal à l'aise que de gens décontractés, j'essaye de détendre l'atmosphère par des phrases rassurantes ou des plaisanteries. L'un de mes trucs consiste à amplifier le son au moment de la publicité. C'est toujours très amusant d'entendre la publicité sans voir les images. Ça les fait rire, le public rit tout autant, et l'angoisse disparaît. » (Bernard Pivot.)

Parfois, la situation semble désespérée. Il ne reste plus qu'une solution :

« Je souffre avec lui... et j'attends que ça passe. »

Certaines personnes très sensibles au trac et craignant la contagion, évitent le contact avec le pestiféré :

« Je l'évite, je le fuis. Celui qui a le trac m'intimide encore plus. Comme s'il me renvoyait mon propre malaise, que je voudrais fuir au lieu de l'affronter.

« Peut-être faut-il savoir surmonter son propre trac pour aider l'autre à s'en débarrasser ? »

Il en est enfin qui constatent, avec peut-être un certain regret, qu'ils ne suscitent jamais le trac chez leurs interlocuteurs :

« Je crois que je n'inspire pas la terreur ! »

Inspirer la terreur

A titre de vérification *a contrario*, et parce que, comme le disait le roi Babar en peignant des masques effrayants sur la croupe de ses troupiers-éléphants pour démoraliser l'armée des rhinocéros : « Il est parfois utile d'inspirer la terreur », examinons quelques moyens généralement employés pour susciter ou augmenter le trac chez son interlocuteur.

(La connaissance de ces trucs contribue d'ailleurs à les désamorcer, si vous vous trouvez dans la position de faiblesse.)

Dans la situation inverse donc, et pour jouir pleinement de votre supériorité, adoptez une attitude hautaine, glaciale et légèrement méprisante. Regardez ailleurs lorsque votre interlocuteur vous parle, ou feignez de lire un papier important. Les lunettes à verres réfléchissants sont à cet égard une arme redoutable. Tel Mussolini, obligez votre victime à traverser une salle immense et réverbérante avant d'arriver à votre bureau. Asseyez-la, au choix, dans un fauteuil trop confortable où son corps perdra tout ressort, ou sur une chaise étroite et dure qui la contraindra à des contorsions réjouissantes. Vous serez assis vous-même à une altitude légèrement supérieure. Vérifiez l'éclairage, restez à contre-jour, placez l'autre sous le feu des projecteurs.

Laissez un silence pesant s'installer, mais coupez la parole au malheureux dès qu'il fait mine d'ouvrir la bouche. Offrez-lui une cigarette au moment crucial de son exposé, en évitant de lui proposer du feu : ou bien il restera avec une cigarette inutile à la main, ou bien il sortira son briquet et tentera de l'allumer. Observez alors le tremblement des mains, l'hésitation du pouce sur la mollette. Faites part de vos impressions : « Qu'avez-vous ? Vous tremblez ? »

Et, pour clore l'entretien, retirez la main que vous aviez tendue à l'instant même où il va s'en saisir.

Vous aurez bien mérité du trac.

8.

LES CAUSES DU TRAC

On peut incriminer, parmi les causes innombrables du trac, les dysfonctionnements du système neurovégétatif, l'hérédité, le tempérament, les humeurs, l'éducation, l'apprentissage, les conditionnements négatifs, la famille, l'école, l'entourage, les autres en général, l'environnement socioculturel, les idéologies prévalentes, l'histoire de la civilisation ou encore la place de l'homme et son rôle dans l'organisation de l'univers.

L'histoire du trac se confondrait pour certains avec l'histoire de l'humanité, dans sa version judéo-chrétienne. Elle commence avec le péché originel et se terminera, on peut l'espérer, avec le Jugement dernier. « Tu sauras distinguer le bien du mal », ainsi le serpent tente-t-il Adam et Eve. C'est la première apparition du jugement.

Et qu'est-ce que le trac, sinon la crainte du jugement des autres ?

Les enfants n'éprouvent pas le trac, ni les animaux (sauf peut-être les chiens savants). L'apparition du trac marque la perte de l'innocence, le début de l'âge adulte.

Le trac le plus intense, nous le vivrons à l'heure du Jugement dernier, de l'examen final, avec la consolation de savoir que c'est la dernière épreuve...

De nombreux témoignages viennent confirmer que la *peur*

du jugement des autres constitue l'une des causes essentielles du trac, avec son corollaire obligé, le *manque de confiance en soi* :

« Le trac, c'est la peur panique devant les autres, en conversation personnelle et surtout en groupe. »

« Le trac est lié chez moi à me montrer par la parole : dire de moi, de mes idées, en parlant. C'est lié à la crainte du jugement d'autrui. »

« On n'arrête pas de subir des examens de passage. Chaque spectateur est un prof ou un juge. »

« L'œil était dans la salle et regardait Caïn. »

Le thème du regard de l'autre revient sans cesse dans les témoignages :

« La timidité, ça vient de l'enfance, parce que l'on commence à vous regarder. C'est affreux. »

L'autre, par son regard, vous transforme en objet ; il transforme le sujet en objet.

« Lorsque je suis allé pour la première fois à l'école, j'étais si joyeux et si excité devant cette expérience nouvelle, à l'idée d'apprendre, que je suis entré en dansant dans la salle de classe. La maîtresse m'a aussitôt interpellé : " Où vous croyez-vous, jeune homme ? Vous êtes à l'école maintenant. Je vous prie de marcher normalement. "

« J'ai pris conscience en cet instant que les autres me *voyaient* autrement que je ne me *sentais*. Je n'existais pas seulement pour moi, mais pour autrui. Le trac marque la fin de l'enfance. »

Nous ne disposons pas en français d'un terme équivalent à l'expression anglaise *self-conscious*. La traduction littérale serait « conscient de soi ». Mais la signification réelle engloberait la connotation : « conscient de soi en tant que pris dans le champ de la conscience de l'autre ». Emprunté, quoi.

Il n'est pas étonnant que de nombreuses personnes interrogées, dont le psychanalyste Pierre Solié, reprennent la phrase lapidaire de Sartre : « L'enfer, c'est les autres. » Ou la transforment : « Le trac, c'est l'autre. »

Le plus angoissant, c'est qu'il n'y a pas de verdict. Le châtiment reste suspendu, inconnu, mais inéluctable.

La logique du système conduit alors à justifier ce jugement par l'aveu de ses faiblesses, de son incompétence, de ses lacunes...

« Je suis toujours tendue quand j'arrive devant un auditoire ; je crains de n'être pas à la hauteur de son attente, ni de mes desseins. Je parle trop vite, effrayée par le long silence qu'il me faut combler, et par la quantité de choses à dire dans un temps si court. » (Simone de Beauvoir [1].)

« Je ne suis jamais descendu de la tribune sans me faire de reproches, je me dis : “ J'aurais dû faire mieux. Je pense ne pas avoir été convaincant. Je trouve que les autres ont été meilleurs que moi. ”

« Je me fais toujours des reproches après avoir parlé, il n'est pas étonnant que j'ai le trac avant. » (Gaston Defferre.)

« J'ai peur de ne pas être *à la hauteur* [2], physiquement d'abord, puis intellectuellement. C'est encore le cas. Les autres me semblent toujours plus beaux et plus intelligents.

« J'ai peur de ne pas être *à ma place*. Je suis “ bidon ” quelque part. Je ne suis pas celle que les autres croient que je suis. Les autres me font plus confiance que moi-même. Ils exigent beaucoup de ceux qu'ils croient “ bien dans leur peau ”. »

Un gouffre se creuse entre la réalité vécue et l'image idéale que l'on souhaite donner. C'est dans cette faille que s'introduit le trac :

1. *La Force des Choses.*
2. Selon Abraham Lincoln, un homme est forcément à la hauteur si ses jambes lui permettent de toucher terre...

« Vous sentez que votre physique ne correspond pas à ce que vous êtes, et c'est terminé... »

« Le trac naît d'un hiatus entre ma nature profonde et l'expression extérieure de moi-même. » (Michel Giraud.)

Au lieu de se montrer tel que l'on est, on va s'efforcer de coller, de correspondre à ce que les autres attendent ou espèrent de vous :

« J'ai peur de ne pas me montrer aussi " idéalement " que je le rêverais. »

La difficulté, c'est que l'on ignore l'image précise qu'il convient de donner :

« Je ne sais jamais si le conditionnement que je me suis construit correspond à ce que l'on attend de moi. Alors j'ai le trac, et je fais des bêtises. »

« Mon trac vient de la peur que cette image construite, que je crois contrôler, ne tienne pas dans la confrontation avec le public, et que je me retrouve nu, sans voix, et, à proprement parler, informe. »

La crainte de l'échec

Le trac apparaît logiquement lié à la crainte de l'échec. Les témoignages abondent dans ce sens :

« Le trac est provoqué par la peur de rater. Si l'on n'a pas peur de rater, on n'a pas le trac. Si demain je me présente aux jeux Olympiques pour le saut à la perche, je sais que je ne pourrai jamais gagner, je n'aurai donc pas le trac. »

La peur de la « contre-performance », liée au jugement d'autrui, peut s'introduire dans des situations où l'on imaginerait qu'elle n'a rien à voir. Une jeune mère raconte son accouchement :

« Au début j'étais si calme et si sereine que cela étonnait

tout le monde. Une fois dans la salle, j'ai été saisie par le trac. Pas la peur, le trac : j'ai reconnu les mêmes symptômes que ceux éprouvés dans des occasions professionnelles, la première fois que j'ai dû traduire à l'Elysée par exemple. J'ai essayé de me raisonner : il y a des millions d'années, des millions de femmes, etc. Mais le trac était plus fort que tout : " Vais-je y arriver ? " Finalement tout s'est très bien passé. Par la suite j'ai vu d'autres femmes en train d'accoucher. Elles, elles avaient peur, ce n'était pas la même chose. »

Le trac augmente avec l'importance de l'enjeu :

« Quand l'enjeu est important, j'ai peur d'être mauvais, j'ai peur de décevoir. Le trac vient d'une trop grande représentation de l'enjeu. »

Une pianiste apporte une précision intéressante sur l'évolution de l'importance de l'enjeu dans le temps :

« Plus on est connu, plus le trac augmente. En début de carrière, on est souvent inconscient. Quand vous êtes en train de grimper sur l'échelle de la notoriété, vous savez que chaque mauvais concert peut laisser des traces, non seulement dans votre souvenir, mais dans la mémoire des gens qui vous écoutent. »

Le manque de confiance en soi

De même que la peur augmente, et, à la limite, engendre le danger, le manque de confiance en soi suscite les difficultés, et donc le trac :

« A la base de mon trac, il y a vraiment une *non-acceptation de moi*, un manque de confiance en moi.

« Je ne sais pas pourquoi je ne m'aime pas. Je retrouve cela dans toutes les situations de ma vie. Maintenant je vis avec cela, j'essaye d'oublier. Cela me demande une énergie formidable, mais il faut le faire. En réalité, je ne vis pas vraiment : je me prépare à vivre. Je vis dans l'attente. Je rate des choses. »

Poussé à ce point, le manque de confiance en soi ébranle les fondements de la personnalité :

« Dans le trac “ intelligent ”, la personnalité n'est pas mise en cause, dans le trac “ inintelligent ”, on se remet sans cesse en question. C'est un excès d'orgueil, un mélange de sentiment d'infériorité et de complexe de supériorité. »

« Le trac, c'est un aveu d'incapacité à soi-même, du masochisme, une autolimitation, une autodestruction. »

Un dernier témoignage met en lumière le mécanisme de projection par lequel le manque de confiance en soi se transforme en crainte du jugement d'autrui :

« Le trac, c'est avoir peur de moi-même. Ce qui me fait croire que j'ai peur des autres, de leur regard, de leur jugement. »

Ce qui est en jeu dans les situations où l'on se place sous le jugement des autres, ce n'est pas tant la qualité de la prestation que le *droit à la vie*. On passe de « Je ne suis pas capable de... » à « Je ne vaux rien », et de « Je ne vaux rien » à « Je n'ai plus qu'à disparaître »...

Nous sommes là au cœur de la question. Il importe maintenant de chercher à comprendre comment s'instaure et se développe ce processus.

La pression de l'environnement

La société et les valeurs qu'elle véhicule, l'école qui les transmet et les renforce, la famille enfin et surtout, dans laquelle se forge notre destin, jouent chacune un rôle dans l'étiologie du trac.

La société

La société dans laquelle nous vivons favorise l'émergence du trac pour autant que rien n'est donné au départ, que nous devons faire notre place, lutter pour la conquérir et nous y maintenir. La compétition, facteur de progrès, est également source d'angoisse pour la plupart.

L'appartenance au clan, à la tribu, donne la sécurité. Chacun connaît sa place et se sent reconnu. Dans nos sociétés la place n'est pas attribuée d'office. Il faut la conquérir. Au minimum faire son trou. Et si l'on est plus ambitieux, se hisser sur son piédestal. Voilà qui favorise le trac.

L'une des caractéristiques des sociétés occidentales, et plus particulièrement de la société française est la désagrégation du tissu social au profit de l'individualisme. L'individualisme se justifie lorsqu'il est un facteur de changement et de progression, comme aux Etats-Unis. En France la compétition, quoique reconnue idéologiquement et ressort essentiel dans notre système d'éducation, est bridée en réalité par l'angoisse du changement et l'égalitarisme. « Liberté, Egalité, Fraternité » est une devise enthousiasmante, à condition que les trois termes s'équilibrent, mieux, se stimulent et s'amplifient mutuellement. La liberté est de faire. Si l'égalitarisme, obsession névrotique de l'égalité, la freine, ce n'est plus qu'un vœu pieux. Et la fraternité, en d'autres mots l'amour, le désir que l'autre se manifeste dans sa plénitude en tant qu'autre, disparaît dans le processus.

La contradiction du discours officiel « Dépassez-vous les uns les autres, et on coupera tout ce qui dépasse » crée les conditions idéales pour que surgisse le trac, au confluent du désir et de la peur de changer. La manie bien française de « l'interdiction » va dans le même sens.

Comme il serait plus clair et plus sympathique d'indiquer aux automobilistes quand et où ils ont le droit de stationner, plutôt que de les obliger à une gymnastique intellectuelle parfois ardue pour déduire des interdictions ce qui est permis.

En Suisse, sur les parkings de supermarchés il est écrit :

« Merci à notre aimable clientèle d'avoir la gentillesse de ranger les Caddies aux endroits prévus. »

En France :

« Il est rigoureusement interdit de laisser les Caddies sur le parking. »

On ne saurait sous-estimer les effets insidieux de tous ces *interdits* sur l'étiologie du trac. A peine ai-je terminé cette phrase que je me rends compte que je suis tombé à mon tour dans le travers de la négativité : elle débute par une double négation...

L'école

L'école remplit sa fonction naturelle de maintenir les choses en l'état. Le système fonctionne sur les notes, les compositions, les examens, les concours, les contrôles permanents ou ponctuels, bref, sous la sanction constante du jugement. On est jugé sans cesse : sur la valeur de son travail, les notes ; par rapport aux autres, la place dans la hiérarchie, admis ou recalé ; par rapport à sa propre histoire, le carnet scolaire ; par rapport à ses possibilités, « peut mieux faire ». Et le jugement est essentiellement négatif au lieu d'être encourageant. Une mère d'élève s'indignait auprès du directeur de son école, d'esprit pourtant très progressif, que les commentaires des professeurs portent surtout sur les faiblesses ou les échecs. Jamais ne figurent sur le livret scolaire des mentions telles que : « Bravo ! », « Continuez sur cette voie », « Formidable ». Les choses, heureusement, commencent à changer :

« Le trac des examens et du contrôle se manifeste chez les enfants même très jeunes, parfois de façon très intense : perte du sommeil, vomissements, etc. Il s'agit le plus souvent de la contagion des angoisses des parents. A l'Ecole alsacienne nous pratiquons la méthode du contrôle continu, beaucoup plus sécurisant. Et nous expliquons aux enfants qu'il s'agit d'une évaluation et non d'un jugement, et que, en outre, les adultes peuvent se tromper.

« Nous conseillons aux parents de réduire leurs exigences, de ne pas s'attacher uniquement aux aspects négatifs, de féliciter leurs enfants pour leurs réussites, et surtout, de leur indiquer les moyens pour progresser plutôt que de les abrutir de conseils d'ordre général et de recommandations. »

« Pour moi, le trac, c'est quelque chose de très français. »

Ainsi s'exprime une jeune Américaine que sa profession, interprète de conférences, a mise en contact avec un vaste échantillonnage de cultures. Et elle enchaîne :

« Aux Etats-Unis on nous aide davantage. On nous donne toujours l'impression que ce que l'on raconte sur soi est passionnant. Les histoires personnelles sont bien accueillies. En France, c'est le contraire : discrétion, discrétion. C'est comme à l'école : on se mettait debout devant la classe non pour réciter la vie de Napoléon, mais pour décrire ce que l'on avait fait pendant le week-end. *Experience sharing*, partager son expérience. On n'a pas le trac parce que l'on nous a tellement dit que nous étions génial. L'éducation américaine est axée sur le fait de *donner confiance en soi.* »

L'opinion des Français eux-mêmes vient corroborer ce jugement :

« Ce n'est pas ce que j'ai appris à l'école qui m'a apporté une expérience quelconque. J'ai tout oublié. C'est un conditionnement artificiel qui n'est pas greffé sur la vie. Ce conditionnement provoque, crée le trac. »

L'académicien Maurice Rheims est d'un avis semblable :

« L'éducation traditionnelle, dans un milieu traditionnel, dans une société traditionnelle, engendre le trac, la timidité et l'insécurité. »

Quand on sait que la plupart des enfants ont peur des barbus, on peut s'étonner qu'autant d'instituteurs et de professeurs arborent cet ornement. A moins qu'ils y trouvent un moyen d'asseoir leur autorité. C'est aussi la fonction des examens... qui mettent en évidence la supériorité des examinateurs.

Mais la compétition, sur laquelle repose le système éducatif français, a aussi ses partisans :

« On nous a souvent dit qu'il fallait être les meilleurs : on veut donner le meilleur de soi. »

Priorité à l'écriture

L'école en France privilégie l'écriture au détriment de l'expression orale ou vocale. Un exemple extrême : un jeune garçon revient de l'école triomphant et penaud à la fois. Il a été premier en composition de chant. Or il est connu, et souvent taquiné, dans sa famille, pour sa mauvaise oreille et son incapacité à chanter. On lui demande des explications : la composition de chant était une interrogation écrite ; il était demandé aux élèves de restituer le texte des chansons apprises. Et sa mémoire, à défaut de sa voix, lui avait valu la première place.

« Aux Etats-Unis, on apprend tout jeune à parler en public. C'est comme les Africains : issus d'une tradition orale, ils sont très à l'aise dans cette forme de communication. Parler en public n'est pas différent pour eux que de parler devant des amis. Nous, nous sommes trop égocentriques, trop préoccupés par nous-mêmes, trop soucieux de l'effet produit. »

La nouvelle génération des hommes politiques africains, formés à l'occidentale, soucieux de leur image publique et conscients de leurs responsabilités, est beaucoup plus sensible au trac que ses prédécesseurs, protégés par leur charisme et baignant davantage dans la tradition orale.

Jean-Claude Sergent, auteur du *Théâtre fou*, qui a longtemps vécu et travaillé en Afrique, décrit l'étonnement des Africains devant le mode de communication orale des Français :

« Vous êtes tout le temps en train de chuchoter, comme si vous aviez des secrets à cacher. »

Pour eux, il est normal de parler à haute voix de leurs affaires, même dans les lieux publics.

Une petite histoire vécue illustre la pression constante de notre société sur la libre expression de la voix :

Au retour de vacances, deux petits garçons de six ou sept ans se retrouvent dans un avion, non accompagnés par leurs parents. Ils ne se sont pas vus de tout l'été et ils ont mille choses à se raconter sur leurs nouvelles expériences. Ils parlent gaiement, à haute voix mais sans crier, et rient de bon cœur, tout à la joie du partage. Les passagers sourient de leur enthousiasme. Survient une hôtesse de l'air qui, très gentiment, leur demande de parler moins fort : ils risquent de déranger les autres voyageurs. Les enfants baissent le ton pendant quelques secondes, puis, captivés par l'intérêt de leur récit, reprennent leurs tonalités naturelles. L'hôtesse revient, toujours aimable et souriante, j'insiste sur ce point, et réitère sa demande. Les enfants acquiescent, se plient un peu plus longtemps que la première fois à ses exigences, s'efforcent de parler plus doucement, puis, à nouveau, la nature reprend le dessus. Cette fois c'est le steward, alerté par l'hôtesse, qui intervient. Il le fait, lui aussi, avec le maximum de bonhomie, sans élever la voix ni gronder. Les petits garçons sont manifestement plus impressionnés. Ils continuent leur conversation presque en chuchotant, mais dans leur murmure perce encore parfois un éclat de voix. L'hôtesse s'approche pour la troisième fois et tend à chacun un illustré pour enfants : « Je crois que ce serait beaucoup mieux si vous lisiez maintenant. » Les deux garçons échangent un regard de tristesse impuissante et jusqu'à la fin du voyage restent plongés dans leur lecture.

L'extrême gentillesse et la courtoisie de l'hôtesse et du steward dans leurs interventions mettent en évidence la façon insidieuse dont s'exerce la pression sociale. Toute révolte est impossible ; la domestication s'effectue en douceur. Il sera d'autant plus difficile de s'en libérer, comme le démontrent ces deux anecdotes :

Un écolier fait une promenade en bateau-mouche avec sa classe. Voyant un de ses camarades se pencher dangereusement au-dessus du bastingage, il est pris de panique à l'idée qu'il va tomber à l'eau certes, mais surtout, surtout, que lui va devoir crier à l'aide.

Autre histoire de baignade :

Une petite fille qui ne savait pas encore nager s'aventure par mégarde dans le « grand bain » à la piscine. Elle boit trois bonnes tasses avant d'appeler au secours.

« Pourquoi ne m'avez-vous pas appelé plus tôt ? demande la maître nageur.

« — J'avais peur de vous déranger... »

La gorge serrée, le nœud, la boule dans la gorge, l'impossibilité de parler figurent parmi les symptômes majeurs du trac. Il est facile d'en trouver ici l'origine.

Certaines institutions, telle l'Ecole alsacienne, s'efforcent de prévenir ces inconvénients :

« Dès l'âge de quatre ans, nous apprenons aux enfants à s'exprimer en public. La séance d' " entretiens " a lieu le lundi, jour où ils ont beaucoup de choses à raconter. Au début de l'année, tous parlent en même temps. A la fin, ils savent non seulement écouter, mais poser des questions. A huit ans, ils commencent à faire des exposés devant la classe, et à accepter les critiques, positives ou négatives du public. Après un tel entraînement, adultes, ils n'auront plus d'angoisse à l'idée de prendre la parole en public. » (Mme Malcolm, directrice de la « petite école » alsacienne.)

La famille

La famille est considérée depuis un siècle environ comme l'origine et la cause de tous les maux et de toutes les calamités. « Famille, je vous hais », etc. Un mouvement timide s'amorce à l'heure actuelle pour innocenter les parents. Mais tout porte à croire que la pente sera dure à remonter. Une preuve parmi bien d'autres de la difficulté de la tâche :

Une participante dans un groupe de développement personnel alterne les gémissements de désespoir et les hurlements de fureur à l'égard de ses parents, si protecteurs, si parfaits en tout point, criait-elle, qu'ils ne lui avaient jamais donné, les salauds, l'occasion de se révolter, ce qui fait qu'à trente ans, elle était toujours incapable de dire « non » !

« On met aux enfants l'étiquette " danger " partout. C'est une erreur : c'est ce qui donne le trac. »

Les effets d'une telle surprotection sont particulièrement sensibles chez les enfants uniques, privés de la confrontation conflictuelle et enrichissante avec les frères et sœurs.

Les pionniers et les théoriciens de la « thérapie familiale », Bateson, Watzlawick, Milton Erickson, Virginia Satir, etc., ont montré qu'il était plus opérationnel d'étudier les effets de la structure familiale sur chacun des membres concernés, que de raisonner en termes de causalité directe et de responsabilité personnelle.

Voyons comment l'enfant, futur traqueur ou plein d'assurance, vit l'impact sur lui de la configuration familiale.

Le rang dans la famille joue un rôle important.

Lors d'un congrès d'animateurs, nous nous sommes rendu compte que les aînés étaient proportionnellement beaucoup plus nombreux dans ce métier que les cadets ou les benjamins. Or on peut estimer que le fait d'avoir choisi cette profession indique que le trac ne constituait pas un problème majeur, ou qu'il a été facilement résolu.

De nombreux témoignages montrent que les filles venant en deuxième position, prises « en sandwich » entre deux frères, bénéficient en général d'une bonne « sécurité de base ».

Il se produit dans la majorité des familles une répartition des rôles entre les enfants. L'aîné ayant choisi, inconsciemment, une certaine « stratégie » pour obtenir l'amour des parents, délimitant ainsi son « secteur privilégié », les suivants devront se spécialiser dans d'autres domaines. Si le premier joue la carte du sérieux, le second optera pour la fantaisie. Le mathématicien succédera au littéraire, l'évaporée ou la séductrice à la bûcheuse.

« Dans ma famille, on m'a toujours remise en question parce que j'étais la seule musicienne, les autres étant des intellectuels. Moi, la musicienne, j'étais " bâtarde ". »

Un contact tacite, impossible à formuler et même à reconnaître, réserve à chacun son champ d'action et d'expression. Le psychologue René Zazzo a montré comment, chez les « vrais » jumeaux, l'un a tendance à s'extérioriser, tandis que l'autre choisit une voie plus intérieure.

Les réactions des parents suscitent ou renforcent cette polarité, et l'on se trouve étiqueté pour la vie.

« Petite fille, je ne parlais pas, je regardais. Je rêvais et j'observais énormément. Ma sœur parlait beaucoup, gigotait, gesticulait. Moi, j'étais timide, je me cachais derrière elle, et je regardais autour de moi. » (Catherine Deneuve [1].)

« J'ai été une enfant très renfermée, très introvertie, très malheureuse, avec une sœur — Berry, aujourd'hui mariée à Anthony Perkins —, qui savait faire les pieds au mur pour provoquer les rires, alors que moi, bêtasse, je restais écrasée de honte derrière les portes. » (Marisa Berenson.)

1. *L'Autre Journal*, décembre 1984.

L'angoisse surgit chaque fois que l'on s'apprête à empiéter sur les prérogatives de l'autre. Déranger l'ordre établi depuis l'origine fait figure de sacrilège. Il est plus facile de se persuader que l'on n'est définitivement pas doué pour tel ou tel mode d'expression, la musique, les mathématiques, le sport, etc., que d'usurper un rôle qui ne vous a pas été dévolu.

Et d'incriminer le hasard, le destin ou la fatalité, plutôt que de remettre en question un équilibre familial fondamental :

« Je crois que ce serait injuste de dire que mon trac vient de mes parents. J'ai vécu une enfance heureuse, avec des parents qui s'occupaient beaucoup de moi. Mais j'ai toujours été timide. Quand j'étais petite, à deux ou trois ans, je me cachais sous la table pour ne pas voir les gens qui nous rendaient visite. Je voulais que l'on ne me voie pas. Je voulais ne pas exister. Je crois que le trac est lié à la structure de base de l'être. »

Certains font état de la position de la famille dans la société en tant qu'amplificateur ou atténuateur du trac. Ainsi Maurice Rheims :

« J'étais profondément timide quand j'étais enfant. Pour des raisons sociales essentiellement. Peut-être que je souffrais au fond de moi-même d'être un petit bourgeois, alors que j'avais des ambitions sociales. Tant que je n'ai pas pu surmonter ou satisfaire ces ambitions, en rire, rire en quelque sorte de moi-même, je n'ai pas pu me débarrasser de ce trac. »

Jugements et injonctions parentaux

Les jugements, commentaires et appréciations divers que nous avons entendus, ou cru entendre de la part de nos parents et de nos proches, durant l'enfance, exercent sur nous une influence considérable, et déterminent en grande partie l'opinion que nous portons sur nous-même, et, par voie de conséquence, nos possibilités d'action.

Dans certains cas, on peut faire remonter aux moments qui ont suivi la naissance la marque profonde sur l'individu des réactions de l'entourage, comme le révèle ce témoignage d'une jeune femme dans un groupe de développement personnel :

« J'entre en contact avec ma première conscience, au moment où je suis née. Je me sens en danger. On se moque de moi. Qui se moque de moi ? Mon père ? Il n'est pas là. Ma mère ? Je ne sais pas. Elle voulait peut-être un garçon ; mais ce n'est pas elle. Je vois un homme et une femme. L'accoucheur et la sage-femme. Ils me regardent en se moquant de moi : " Encore une fille ! "

« Je suis dans le bébé, toute nue et pleurant de honte et de désespoir. Je ne répondais pas à leur attente : *j'étais une fille*. Je viens de comprendre la racine de ma honte. Ce qui me pousse à me cacher.

« Je sais que je vais être délivrée de ça et je pleure et je ris à la fois. Je me sens merveilleusement gaie. »

Par la suite, tout au long de l'enfance, des commentaires désobligeants peuvent venir saper la confiance en soi, frayant ainsi la route au trac à venir :

« Le trac vient que dans mon enfance on m'a beaucoup dit que j'étais incapable de faire quoi que ce soit. » (Maurice Rheims.)

Un second témoignage vient préciser le processus :

« J'ai toujours eu, depuis l'enfance, cette trouille de ne pas être à la hauteur. Je relie ça à un truc très net quand j'étais en classe. Jusqu'à l'âge de dix ans, j'étais rachitique, tout petit, malingre. J'étais le môme que l'on enfermait entre midi et 2 heures. Parce que c'était rigolo et que de toute façon j'étais trop petit pour taper. J'ai passé des heures entières dans les poubelles, avec les autres qui venaient me pisser dessus, avec des pelures d'orange et des peaux de banane qu'on venait m'écraser sur la gueule. Et à côté de ça, un père complètement stupide qui me disait : “ Laisse-les faire ; ils s'en lasseront bien. ” Vers douze-treize ans je suis enfin entré en réaction contre tout cela. Et maintenant j'aime beaucoup les gens. »

Les effets de *l'admiration parentale* ne sont pas forcément plus facile à gérer, pour autant qu'ils obligent l'enfant à se surpasser pour répondre à la demande de perfection. C'est là que s'ancre la douloureuse problématique du « Suis-je à la hauteur ? ». Les parents projetant sur l'enfant les promesses ou les espoirs qu'ils n'ont pas tenus eux-mêmes.

L'obligation de parler, de se manifester, de chanter, de danser, etc., peut avoir des résultats aussi néfastes que les interdictions. Ce qui était un plaisir, la manifestation naturelle du besoin de s'exprimer, se transforme en supplice lorsque c'est imposé de l'extérieur : « Chante ta petite chanson », « Récite la poésie que tu as apprise à l'école », « Montre-nous comme tu danses bien ». L'enfant prodige souffre d'autant plus qu'il ne choisit pas son public. Il y a souvent des spectateurs devant lesquels il n'a aucune envie de se manifester et qui n'ont d'ailleurs probablement pas envie de le regarder se manifester...). Seuls les parents sont à la fête. Il n'est malheureusement pas toujours possible de se cacher sous une nappe, ou de se réfugier au grenier.

Il y a une contradiction interne dans le fait d'être soi-même sur commande. Ces injonctions paradoxales, telles aussi que « Sois naturel », ou « Dis-moi que tu m'aimes », favorisent le trac, paralysent, quand elles ne conduisent pas à la schizophrénie...

Je connais un musicien et une danseuse qui ont été tellement forcés par leurs parents sur la voie qu'ils avaient pourtant spontanément choisie à l'origine, qu'arrivés à l'âge adulte ils se demandent si c'est bien leur vocation, et songent à abandonner. Ils ont été dépossédés de leur désir par l'intensité du désir de l'autre sur eux.

Le trac les accompagne en permanence parce qu'ils ne savent pas vraiment qui ils sont.

La solution qu'ils envisageaient était de cesser de se manifester. Solution extrême et qui déclenche un profond ressentiment à l'égard des parents jugés responsables de cette situation. Trop sollicités, ils se refusent aux autres.

D'autres choisissent une voie moins radicale : ils espèrent *redevenir eux-mêmes* en acceptant d'*être autres qu'eux-mêmes*. C'est le cas de beaucoup de comédiens :

« Je suppose que c'est pour briser ma timidité que je suis devenue comédienne. » (Mia Farrow.)

« Si on décide de devenir acteur, c'est parce que souvent on ne se sent pas bien dans sa peau. Et on cherche sa propre identité à travers des personnages. C'est comme un homme qui a besoin de s'appuyer sur une canne. » (Marcello Mastroianni [1].)

« Parmi les gens qui passent à " Apostrophes ", les plus angoissés sont les comédiens. Ils ont tellement l'habitude de dire des textes qui ne sont pas les leurs qu'ils paniquent à l'idée de produire eux-mêmes leur texte.

« Les moins angoissés sont les professeurs. » (Bernard Pivot.)

Ne sachant pas qui ils sont, les comédiens choisissent de se *montrer* pour découvrir qui ils sont à travers leurs personnages, sous le regard des spectateurs.

---

1. *Le Nouvel Observateur*, 20 avril 1984.

La crainte de décevoir

Ce qui est en jeu véritablement, sous ces échappatoires, ces conflits internes et ces incertitudes, c'est l'amour des parents :

« Le trac est lié à l'enfance. C'est la peur de ne pas faire suffisamment bien, la peur d'être indigne, la peur de décevoir ses parents. »

« Si je ne plais pas, c'est horrible ! »

Nous sommes tous victimes de l'amour « sous conditions ». Ce que nous souhaiterions entendre, c'est « Je t'aime tel que tu es ». Ce que nous entendons dans l'immense majorité des cas c'est : « Je t'aimerais (conditionnel) si tu fais ceci ou cela, si tu te comportes de telle et telle façon, si tu renonces à toi-même, bref, si tu es parfait selon ma conception de la perfection. »

Les efforts des enfants pour répondre aux exigences des parents sont souvent bouleversants :

« J'ai essayé par six fois de passer mon bac, mais en vain. Le trac est lié à une expérience d'enfant. » (Maurice Rheims, académicien...)

Voici deux lettres de recalés au bac, un garçon et une fille. Leurs témoignages recoupent et amplifient celui de Maurice Rheims.

« Les raisons de mon échec, il va falloir en donner aux parents. Et supporter ce regard. Leur regard. " Vous vous rendez compte, mon fils n'est pas bachelier ! " J'ai honte, honte envers mon père. Pour lui c'est un rêve qui s'écroule, tandis qu'il prend dix ans de plus en une phrase. Et moi c'est le vide, un vide rempli de doutes, de questions. »

« Je craque, je craque, mille fois je craque et les larmes coulent sur mes joues. Je n'ai jamais serré ma mère dans mes bras, jamais je n'ai pleuré contre elle, et, nom de Dieu, comme il m'aurait été bon de m'entendre dire : " Ce n'est rien, ce n'est pas grave. " Au lieu de cela je ressasse déjà dans ma tête le coup de téléphone qu'il va falloir donner à mes parents. Je sais, je l'entends déjà, l'insulte qui va jaillir de l'écouteur, sans parler des larmes que versera ma mère. Et ça, dans cet échec, c'est ce qui m'est le plus cruel à assumer : " Si tu savais, maman, comme je me sens seule, comme j'ai mal de te faire mal et comme j'aimerais m'enfouir dans tes bras. " »

Le plus émouvant dans ces lettres, c'est l'intensité et la qualité de l'amour dont ces enfants témoignent pour leurs parents, le soin qu'ils prennent d'eux, l'angoisse à l'idée de les peiner ou de les blesser.

Le plus triste, c'est de pressentir combien cet amour sera mal reçu.

Le plus navrant, c'est de voir comment ces enfants font en sorte qu'il soit mal reçu, suscitant, par leur crainte même des réactions parentales, les réponses qui vont leur faire le plus mal. Comme si les jeux étaient faits une fois pour toutes. Il suffirait en réalité de si peu pour que la communication se rétablisse, et que les émotions circulent à nouveau librement.

Une participante dans un groupe évoque un souvenir remontant à ses cinq ans, et qu'elle avait complètement oublié depuis. Son père lui faisait faire la lecture, mais comme elle avait très envie de sortir jouer, elle ne prêtait aucune attention au livre et multipliait les fautes et les étourderies. A tel point que son père, lassé, finit par lui dire : « Si tu continues comme ça, tu vas me faire mourir. » Elle continue à n'en faire qu'à sa tête. Deux jours plus tard, son père meurt d'une crise cardiaque. Depuis ce jour elle avait gardé, sans oser en parler à personne, la certitude qu'elle était responsable de la mort de son père. Et elle avait éteint en elle tout élan et toute spontanéité : être soi-même, c'est faire mourir ceux qu'on aime. Comparés à cette sollicitude, à ce respect, à cet amour des enfants pour leurs parents, les pressions, les limitations et les exigences de certains parents pour leurs enfants semblent parfois bien mesquines...

Le ressentiment

La peur de décevoir, de n'être pas à la hauteur, la peur de perdre, d'échouer sont sans cesse évoquées comme les causes fondamentales du trac. Ces peurs naissent de l'écart existant entre l'image que nous pensons que les autres — à l'origine, bien sûr, les parents — attendent ou exigent de nous, et le niveau de nos accomplissements tel que nous le vivons actuellement.

Rien ne comblera jamais l'écart entre cette image idéale et la réalité. Même si nous approchons la perfection, notre attention restera fixée sur la différence, sur ce qui manque :

« Le trac, c'est quelque chose de très culturel. Il faut correspondre à l'image que les autres se font de vous. C'est ce que l'on doit faire par rapport à un groupe. Je n'ai jamais le trac seule. Dès que vous ouvrez la bouche, vous devenez une personne publique. Toutes les protections, toutes les façades, toutes les carapaces ne servent plus à rien. On se dit : " Je sais ce que je vaux, qui je suis ", mais, peu importe, les autres ne le savent pas et il faut que je fasse le grand pas de m'exposer devant tout le monde : " Maintenant ils vont savoir qui je suis réellement. Ils pensaient peut-être de moi que je suis bon et que je donnerais des bons résultats, mais malheureusement ils vont voir que je n'ai pas les bons bagages. Que va-t-on penser de moi ? " C'est la grande question si troublante. C'est ça le trac. »

Derrière cette insatisfaction, cette impression d'incompétence et d'imperfection, se cache souvent un profond ressentiment, inconscient, à l'égard de ceux qui nous ont imposé le modèle idéal que nous n'arriverons jamais à atteindre. Mais nous ne voulons pas lâcher ce ressentiment, qui nous structure, et autour duquel nous avons forgé notre caractère, notre ego.

Nous utilisons chaque échec pour nous renforcer dans notre ressentiment. Si nous réussissions, nous n'aurions plus aucune raison d'en vouloir à nos parents, nous serions obligés de leur pardonner, et en leur pardonnant, de nous libérer, et de les libérer du même coup.

La liberté fait peur.

La peur de gagner

« Pendant deux ans, le même Vilas qui écrase la plupart des tournois de seconde catégorie va se montrer impuissant à tenir son rang dans les tournois importants, paralysé qu'il est par l'enjeu. A chaque fois ses nerfs craquent et il lui arrive même de jouer " petit bras ", alors que son adversaire est déjà à terre et qu'il ne reste plus qu'à l'achever.

« Pendant deux ans donc ses nerfs vont le trahir si souvent qu'il obtient une collection " d'échecs au port " presque inégalable.

« " Je n'en pouvais plus. J'avais beau me dire que cette ' poisse ' ne durerait pas, que moi aussi j'allais bientôt gagner une grande finale je continuais à perdre dès que l'enjeu était important. "

« Lorsque votre bras se met à trembler à quelques points de la victoire, lorsque vos jambes ne vous portent plus, lorsque l'inspiration vous quitte sur un point décisif, lorsque vous perdez un match que vous auriez dû gagner cent fois, il ne sert à rien de dire : " J'aurais dû travailler beaucoup plus mon coup droit ou ma volée. " La défaite s'est jouée dans votre tête et tout le monde sait que pour être un champion, un vrai, il faut en avoir les nerfs [1]. »

---

1. F. Haedens, B. Pascuito, *Borg, Connors, Vilas, les Cannibales*, Calmann-Lévy, 1978.

Et si la peur de perdre n'était qu'un aspect de la peur de gagner ?

Etre un champion c'est manifester sa puissance, imposer son pouvoir, l'emporter sur l'autre, bref, gagner. Et monter sur le podium.

En d'autres mots, se singulariser, se différencier, se distinguer, attirer tous les regards sur soi, émerger de la foule, se montrer.

Le trac est une maladie des hauteurs, un vertige des sommets, le mal des montagnes.

Il frappe de préférence sur les scènes, les estrades, au moment où on se *lève* pour prononcer un discours. Ou dans les lieux où tous les regards convergent sur vous : le stade, le court central, le studio de télévision, devant les caméras.

Il n'est pas étonnant que le trac se développe et s'amplifie dans une ère du spectacle, un âge de la représentation, comme celui que nous vivons. Comme le fait remarquer McLuhan, dans les temps anciens un homme était connu par ses actions. Maintenant il est célèbre parce qu'il est connu...

Chaque fois que nous nous singularisons, que nous émergeons de la masse indifférenciée pour assumer, affirmer notre individualité, ou notre altérité, nous prenons un risque.

« Pendant longtemps, j'ai eu le trac *après le concert* :

« Un horrible creux, une dépression monstrueuse, comme souvent les jeunes mères après l'accouchement. »

« C'est au moment des applaudissements, du salut final et des rappels que j'éprouve le trac le plus intense. J'aimerais être ailleurs. »

Chez les Grecs, se faire remarquer, se hisser au-dessus des autres, l'*ubris*, l'orgueil, attirait sur soi l'attention des dieux et déclenchait leur vengeance. Néron, décapitant les pavots, se proposait de faire de même pour toutes les têtes qui dépassaient…

André Girard, dans *Des choses cachées depuis la fondation du monde* [1], a bien montré qu'à se distinguer on risquait le sort du bouc émissaire, voué au sacrifice par la foule, quitte à devenir plus tard la figure fondatrice et le garant de la société issue de son meurtre.

La figure d'Œdipe se profile à l'horizon : gagner, c'est prendre la place du père, c'est le tuer. Jouer à qui perd (père) gagne…

L'analyse transactionnelle a pu établir que dans de nombreuses familles, étudiées sur plusieurs générations, les enfants « s'arrangeaient » pour ne jamais mourir à un âge plus avancé que leurs parents, ou que telle figure familiale particulièrement marquante. Beaucoup des personnes interrogées avaient d'ailleurs tout à fait conscience de cet élément de leur scénario de vie, ou de mort.

On comprend mieux, à partir de ces exemples, comment et pourquoi la *différence* est un support privilégié du trac.

Les passages

Le trac apparaît dans les situations de passage, lorsqu'on change d'état ou de niveau. Il s'agit là encore d'*émerger*. Le passage à l'âge scolaire, les examens de passage, les concours, le permis de conduire qui marque le passage à l'âge adulte et à l'autonomie (remplaçant dans cette fonction le service militaire), le mariage, le premier travail, etc.

Dans les sociétés traditionnelles, l'initiation était formalisée, les rites de passage faisaient l'objet de cérémonies très précises.

Cet accompagnement, cette prise en charge, ce soutien ont pratiquement disparu pour nous. L'individu est seul dans

1. Grasset.

une épreuve dont il ne connaît souvent ni le sens ni les règles du jeu. Le trac s'amplifie de ces incertitudes.

De la naissance à la mort tous les passages sont vécus comme dangereux.

Le désir à l'œuvre

Considérant comme admis que l'on risque sa peau à se mettre en avant, il est légitime de poser la question :

« Pourquoi donc les gens se mettent-ils dans des situations semblables ? »

Sur les centaines de personnes interrogées, une seule, oui, une seule, mentionne, sans insister, au détour d'une phrase, un élément essentiel, un facteur crucial dans l'étiologie du trac, et livre l'évidence :

« On a le trac quand *on choisit* de se présenter en public. »

Jusqu'ici le trac nous a été présenté comme une triste fatalité, frappant au hasard ses innocentes victimes, les brutalisant sans pitié, les conduisant jusqu'aux portes de la mort.

Ce *voile* pudique jeté sur le fait que ces victimes étaient non seulement consentantes mais volontaires *dévoile* (comme le font généralement les voiles, dont c'est la fonction dialectique...) le *désir à l'œuvre*.

Le lieu de la plus grande peur est le lieu du plus grand désir.

Le trac ? C'est excitant !

Le trac, c'est excitant. A tel point que l'on peut se demander si les gens ne choisissent pas ces situations éprouvantes, non pas *malgré* le trac, mais *à cause* du trac, pour en éprouver les délicieux vertiges...

Plusieurs témoignages sur le vécu du trac étayent cette hypothèse :

« Le théâtre, c'est formidable. Je viens très tôt. C'est vraiment là qu'on fait le vide de la journée. Il y a toute une préparation, la perruque qu'on vient de vous mettre, le vêtement, le maquillage, et puis l'instant, juste avant que ça commence, qui est vraiment le plus excitant. Je n'ai jamais sauté en parachute, mais je crois que c'est un truc comme ça. Aussi fort. Il y a le trac, toujours un petit coup, comme une usine intérieure, une alchimie qui se met en route. C'est très physique. » (Bernadette Lafont [1].)

« Si je fais ce métier [présentatrice à la télévision] c'est que j'ai l'impression de prendre des risques, de vivre. »

« J'aime le danger, j'aime la peur, j'aime les gens qui l'éprouvent, j'aime les gens qui se mettent en situation de risque.

« Le trac, c'est se mettre en danger. Il y a quelque chose de très beau dans le trac. Moi je suis pour, c'est excitant.

« Je ne parle pas du trac-cauchemar, mais du trac avec lequel on peut s'empoigner, se battre. Ça veut dire qu'on accepte de se jeter dans la tempête, et même de créer la tempête. » (Fernand Moszkowicz.)

Et encore :

« Le trac c'est excitant comme le vertige. Ça me rappelle les jeux d'enfants, la balançoire, tourner sur soi-même jusqu'à en perdre la tête. Dans mes rêves de trac je suis poursuivie, je tombe, je suis exposée sur un rocher, je perds tous mes objets. »

« J'adore le trac, c'est excitant, c'est complètement sensuel, c'est très fort, c'est plus qu'agréable, c'est carrément sensuel, ça touche tout le corps, c'est sexuel. »

1. *Le Nouvel Observateur*, 3 août 1984.

Les manifestations du trac s'apparentent à celles de l'amour.

S'exposer = sexe poser ?

Le psychanalyste Manuel Barroso développe ce thème :

« Je pense que le trac est en rapport avec l'exhibitionnisme-voyeurisme, donc avoir le phallus ou être châtré. A un niveau plus profond, avoir de la valeur ou être rien, ou encore être ou ne pas être. Etre aimé, ne pas être aimé.

« La situation est toujours de se montrer et d'être reconnu, ou d'être disqualifié et ignoré (le miroir qui ne renvoie pas son image, il l'absorbe). »

Le trac jaillit de ces contradictions : se cacher/se montrer, vivre ou mourir.

Le trac, pareil à la rougeur des jeunes filles, montre ce qu'il veut cacher, comme la barbe ou les lunettes réfléchissantes, qui attirent l'attention très précisément sur ce qui doit être masqué.

La contradiction, c'est aussi se montrer, se manifester, tout en ayant envie de disparaître dans un trou de souris, d'être englouti, de se cacher dans le sein de la terre.

Au sein de la terre, ou au sein de la mère ?

Dans cette hypothèse, le trac manifesterait physiquement l'inconciliable polarité du phallus et de l'utérus, de l'émergence et de la fusion...

Eros et Thanatos

Lorsqu'on évoque Eros, Thanatos n'est jamais bien loin :

« Il y a un lien entre le trac et la mort. »

« Le trac, c'est le vertige, c'est la mort. »

Le trac nous rappelle que nous sommes mortels, car pétris de chair et de sang. Nous ne sommes pas maîtres de nous-même. Notre corps nous échappe. Il est troublant d'expérimenter, parfois douloureusement, que la raison est incapable de maîtriser nos viscères. Cela entraîne chez certains une perte d'estime de soi-même.

L'exigence de l'action et du réel met fin à nos fantasmes de toute-puissance et nous rappelle nos limites.

Mais aussi notre pouvoir de nous transformer qui fait notre dignité d'être humain.

Un tigre de papier ?

« Holà, diront certains, vous faites trop d'honneur à ce léger chatouillis, le trac. Les dangers que vous évoquez n'ont aucune réalité. »

De fait, alors que la peur surgit dans des circonstances où l'on encourt un véritable risque physique, blessure, mutilation ou mort, le trac s'applique à des situations où l'*image*, non la *réalité*, est mise en jeu :

« Le trac est une peur ressentie devant un danger le plus souvent *irréel.* »

« C'est une émotion qui ne rime pas à grand-chose. Le trac, c'est *rien.* Il s'évanouit quand on y réfléchit. C'est un monstre qu'on se crée soi-même, un tigre en papier. »

Mais quand on interroge des champions qui risquent effectivement leur vie « pour le spectacle », skieurs de descente, coureurs automobiles, toreros, etc., le trac prend nettement le pas sur la peur, l'image sur la réalité.

« Je mourrai sur le court s'il le faut. »

Ainsi s'exprimait Noah à la veille des Internationaux de France 1984.

Mieux vaut risquer sa peau que de perdre la face...

Que cet alexandrin ait surgi sous ma plume, en cet instant précis, n'est probablement pas, tout à fait, un hasard. C'est de « gloire », en effet, qu'il s'agit, au sens plein du terme, tel qu'on l'entendait dans les grandes tragédies du XVIIe siècle. Le souci de la gloire l'emporte sur les préoccupations de survie. L'homme, en tant qu'homme, fonctionne au niveau symbolique.

Et qui établira la distinction entre la réalité et l'illusion ?

9.

S'AFFRANCHIR DU TRAC
(Apprentissage, développement personnel, psychothérapies)

Si le trac est pour beaucoup un inconvénient mineur, une gêne passagère, voire une incitation à l'action ou un frisson agréable et excitant ; si, dans la plupart des cas, les conseils, les suggestions et les remèdes (souvent tirés de l'expérience vécue des traqueurs) que nous avons indiqués tout au long du chapitre « Apprivoiser le trac » suffisent à endiguer ses assauts, et à permettre à ses victimes d'affronter vaillamment les feux de la rampe, examens et autres épreuves ; si ces effets s'atténuent généralement avec le temps, il n'en demeure pas moins que chez certaines personnes, plus nombreuses qu'on ne l'imagine, il sévit comme une calamité redoutable, non seulement dans les situations professionnelles, mais de façon permanente, dans l'ordinaire de la vie, fléau omniprésent, réduisant, et parfois annihilant, toute possibilité d'action et tout contact avec les autres. Il débouche sur l'angoisse et la solitude.

Il est temps de songer alors à « modifier le terrain », à extirper les racines du mal, au lieu de se contenter de couper les mauvaises herbes, et d'entreprendre un véritable travail en profondeur sur soi-même.

Selon la gravité des symptômes et le poids du handicap, on pourra faire appel à tout un arsenal de moyens et de techniques qui s'échelonnent des plus doux aux plus intenses, des plus légers aux plus exigeants. L'investissement, en temps, en énergie, en argent, comme le niveau d'implication personnelle sont évidemment variables.

Sans dresser un catalogue exhaustif de toutes les approches et de toutes les formes de thérapie susceptibles d'aider à s'affranchir du trac — tout travail sur soi, au double sens de « labeur » et d'« accouchement », peut avoir des effets bénéfiques en ce sens —, nous nous contenterons d'évoquer celles qui nous paraissent les mieux adaptées et les plus efficaces, en les classant dans un ordre d'intensité croissante.

Apprivoiser la peur, en procédant de l'extérieur vers l'intérieur, depuis ses couches superficielles jusqu'à ses assises secrètes, profondes et anciennes.

Au premier niveau, s'aguerrir, faire son apprentissage, s'exercer dans les conditions les plus proches de celles que l'on rencontrera dans la réalité de ses fonctions professionnelles. L'entraînement, la pratique.

Puis, la mise en condition physique et morale, l'éveil des facultés assoupies, l'assouplissement des fonctions, le contrôle, la maîtrise de soi. La modification du terrain.

Enfin, la remise en question fondamentale, la recherche de soi, la conquête de l'autonomie, la libération des peurs et des fantasmes. Ce chemin passe par la psychothérapie et/ou la quête spirituelle.

Ces voies, que nous séparons pour la commodité de l'exposé, se recoupent et se rejoignent en de multiples points, tant dans les méthodes utilisées que dans les effets obtenus. Loin d'être incompatibles entre elles, elles peuvent se renforcer mutuellement. Chacun choisira donc, simultanément ou successivement, en fonction de ses besoins et des circonstances, la ou les approches qui semblent le mieux lui convenir. Là, comme ailleurs, ce qui compte, c'est d'entreprendre.

L'apprentissage

Le trac vous fait perdre une bonne partie de vos moyens chaque fois que vous devez vous manifester en public ; le temps n'arrange rien à l'affaire ; vous avec conscience que cet obstacle freine le développement de votre carrière ; vous progressez, mais trop lentement à votre gré ; vos nouvelles fonctions vous appellent à mener des négociations, à convaincre vos interlocuteurs, à animer un groupe, à diriger des réunions ; cela vous fait peur, vous manquez d'expérience, serez-vous à la hauteur ? Vos premiers essais n'ont pas été concluants, vous avez ressenti douloureusement vos lacunes ou vos défaillances ; pis, l'idée même de prendre la parole en public vous paralyse, vous souffrez de végéter dans votre coin, vous aspirez à sortir du ghetto du silence où vous êtes emprisonné ; vous êtes sur le point d'abandonner un métier, une carrière, une vocation qui vous plaisent ; vos difficultés d'expression vous cantonnent dans un emploi misérable, ou vous gênent pour trouver du travail...

Telles sont les raisons qui motivent les participants à s'inscrire aux multiples séminaires de communication, d'expression orale, de lutte contre le trac ou la timidité, etc., proposés sur le marché de la formation.

Pour d'autres, déjà versés dans l'art de la communication, il s'agira simplement de se perfectionner, de se débarrasser des derniers vestiges du trac, de se préparer à des épreuves plus corsées, tel un passage à la télévision, bref, d'accélérer ou de compléter un apprentissage amorcé sur le terrain, sous le contrôle et avec les conseils d'un professionnel.

Il faut ajouter que dans bien des cas, sinon dans la majorité, cette démarche n'est pas entreprise spontanément et à titre personnel. C'est l'entreprise qui enjoint ses employés, dans le cadre de la formation permanente, de participer à de tels séminaires, espérant qu'ils y trouveront l'aisance et l'efficacité qui leur manquent, et qu'elle y gagnera en productivité. Certains s'y rendent contraints et forcés, et tenteront de faire payer aux animateurs, dès le départ, leur soumission par des accès d'agressivité et l'étalage de leur mauvaise volonté. Généralement cet état d'esprit ne se prolonge pas au-delà du deuxième jour, chacun découvrant en cours de route la réponse à des problèmes dont il ne soupçonnait pas, souvent, être affligé...

Les responsables de ces séminaires cherchent en général à placer les participants dans des conditions aussi proches que possible de celles qu'ils rencontrent ou rencontreront dans la réalité de leur vie professionnelle. Certains procèdent avec douceur et diplomatie pour remédier aux défauts qui seront apparus. D'autres, partant du principe qu'on construit mieux sur un terrain arasé, s'ingénient à créer des épreuves assez rigoureuses et effrayantes pour convaincre tout un chacun de son absolue nullité. Ainsi rabaissé, il sera plus facile par la suite de remodeler l'édifice à partir des fondations.

Les P.-D.G. japonais sont soumis, dans certains stages, qu'on voit mal acclimatés en France, à un entraînement particulièrement intensif et dévastateur : levés à 4 heures du matin, ils doivent escalader au petit trot les pentes du Fuji-Yama. Un chef d'entreprise doit être en bonne condition physique. Ceux qui redescendent par leurs propres moyens — on ignore ce qu'il advient des autres — sont alors invités à haranguer, sur le thème de leur choix, les voyageurs qui attendent leur train sur le quai de la gare. S'ils échouent, hésitent ou bafouillent, les organisateurs leur arrachent, devant la foule, les décorations gagnées lors de prestations plus méritoires. Les survivants sont libérés du trac à tout jamais.

Les méthodes françaises sont moins sévères. Elles diffèrent selon les objectifs visés par les participants : un cadre commercial n'a pas les mêmes préoccupations qu'un comédien ou un chanteur. L'amélioration de la communication va de pair avec la lutte anti-trac.

Les stages combinent généralement un travail sur la respiration, clef de voûte de l'édifice, et sur la voix : prise de conscience, amplification, maîtrise de la respiration ; pose de la voix, élocution, rythme et débit de la parole, cri. Des exercices physiques destinés à améliorer les postures, le maintien, les mouvements et la gestuelle expressive. Une familiarisation avec les techniques de relaxation, de relaxation dynamique et de visualisation. Parfois de la danse et de l'expression corporelle. Quelques notions de rhétorique, d'art oratoire et de théorie de la communication. Et, bien entendu, des travaux pratiques en situation permettant d'intégrer l'ensemble des acquis. Les avis et conseils des animateurs et les réactions des autres participants venant confirmer ou infirmer l'opinion, positive ou négative, que chacun se forme sur la qualité de ses efforts.

La vidéo, largement utilisée, constitue un instrument aussi précieux que redoutable. Le magnétophone, indispensable pour le travail sur la voix, quoique plus familier, suscite des frayeurs voisines.

Ces stages s'inspirent à la fois du travail théâtral (de nombreux animateurs ont fait carrière comme comédiens), des techniques de développement personnel, des méthodes mises au point par les médias audiovisuels, des techniques de vente, des théories de la communication, etc. Au-delà des instruments utilisés, la compétence et la personnalité des animateurs jouent un rôle essentiel. Il importe de faire confiance à ceux qui enseignent la confiance.

Les séminaires sur le « look » (comment s'habiller, se coiffer, se maquiller, etc., pour se sentir à l'aise et pour séduire...), qui connaissent une certaine vogue à l'heure actuelle, peuvent figurer dans la panoplie anti-trac, pour autant que le souci de l'apparence compte parmi ses composants.

La modification du « terrain »

Les moyens que nous allons aborder maintenant constituent en quelque sorte une deuxième ligne de défense contre le trac. Ils n'agissent pas directement au niveau des symptômes et des manifestations, mais, en améliorant l'état général de la personne, en modifiant le terrain où prospère cette plante vénéneuse, ils exercent une fonction préventive et en atténuent les effets. Les conseils que nous avons donnés pour la période de préparation concernant l'hygiène de vie et l'alimentation s'appliquent également dans une perspective à plus long terme. Il peut être utile, dans le même esprit, de recourir aux médecines douces, à l'acupuncture, à l'homéopathie, aux massages, au shia-tsu, etc., toutes techniques qui exercent une action profonde de régulation des circuits énergétiques.

Selon un acupuncteur, une piqûre « effleurée » sur les points 5 et 6 du méridien « maître du cœur » (poignet et avant-bras) suffit à calmer les angoisses liées au trac.

D'autres approches cernent peut-être de plus près le problème du trac. Elles visent à rendre au corps sa vitalité et son aisance, à éveiller, débloquer, stimuler l'organisme et ses différentes fonctions, à lui enseigner la détente, le contrôle, la relaxation ou la maîtrise.

La pratique d'un sport est généralement bénéfique. Il faut donner la préférence aux sports d'équipe, ou à ceux dans lesquels on est confronté à un adversaire, le tennis par exemple. Les arts martiaux, judo, aïkido, karaté, etc., qui combinent la compétition et la maîtrise de soi, donnent souvent d'excellents résultats. De même que, sur un autre registre, les gymnastiques de type gym-tonic, la danse, en particulier la danse primitive ou la danse africaine.

Le travail sur la respiration et sur la voix, que nous avons souvent évoqué, apporte bien entendu une aide précieuse, puisqu'il concerne des fonctions directement touchées par le trac.

Les différentes techniques de relaxation, la relaxation dynamique, la sophrologie, le yoga-nidra, yoga du sommeil éveillé, les séminaires alpha, certaines formes de méditation sont spécialement indiqués pour les personnes nerveuses et agitées, de même que la visualisation.

Dans la tradition indienne, certaines attitudes, certains gestes, les « mudras », favorisent l'émergence de sentiments positifs. C'est ainsi qu'une position particulière des mains au niveau du cœur raffermit le courage.

Le yoga figure en bonne place parmi les remèdes anti-trac utilisés ou préconisés dans les témoignages que nous avons recueillis. Il combine avantageusement le travail sur le souffle et sur l'énergie, la détente et la maîtrise du corps.

Selon Eva Ruchpaul, il s'est développé aux Indes à une période d'urbanisation intense, comme un moyen de se protéger de la pression de l'environnement, en retrouvant la paix dans la solitude intérieure. Une longue pratique peut déboucher sur la sérénité dans le contact avec les autres, mais le yoga ne prend pas *directement* en compte les manifestations extérieures de l'être, pas plus d'ailleurs que ne le font les diverses méthodes de relaxation.

Pour combler cette lacune, il faut se tourner vers l'expression corporelle, les techniques de créativité, et les cours d'art dramatique, en donnant la préférence à la tendance Actor's Studio, sur la tendance vieux Conservatoire. Même si la lutte contre le trac ne figure pas au premier plan des préoccupations de l'animateur et des participants, l'apprentissage du métier de comédien, l'entraînement à l'improvisation, l'expression de soi devant un public dans un esprit de *jeu* préparent efficacement à affronter des situations difficiles dans la vie professionnelle.

Le travail avec le masque opère à cet égard, dans certains cas, des « guérisons » d'une rapidité quasi miraculeuse :

« Observer sans être vu, voici une bonne recette contre le trac. Elle a été concrétisée depuis des millénaires et dans toutes les civilisations par un outil prodigieux, le masque.

« Le masque opère sur le trac en dissociant l'image du moi intime. Un clivage vient tempérer le choc du regard de l'autre. Le masque est un système de défense avancée. A travers ses ouvertures, dont je calcule avec soin l'ampleur, je regarde les autres comme au travers de fenêtres. Le grand mot est distanciation, c'est l'apport primordial du masque. Grâce à cette prothèse de visage, je puis enfin être moi-même en société.

« Le port du masque opère dans le corps de stupéfiants changements. Une énergie considérable, généralement investie dans les muscles de la face, pour assurer la bonne tenue de la grimace sociale, s'investit dans les membres qui retrouvent souplesse et mobilité. Dans le souci de communiquer, et privé des expressions de la face, éminemment socialisées, nous redécouvrons la mimique, nous signifions par le corps tout entier, par les gestes. On remarque également un étonnant changement vocal. La voix, que le trac fait monter dans la tête, redescend dans la poitrine ou dans le ventre. Emerveillés, nous nous entendons parler en public avec les intonations que nous aurions au coin d'un feu, en compagnie d'amis chers. On nous écoute, nous convainquons, nous sommes enfin reçus des autres.

L'expérience est transformante, et souvent définitive, même après une seule séance de masques, conduite en vue de la lutte contre le trac. Nous constatons que nous passons mieux la rampe en étant sincères, en étant nous-mêmes, qu'en nous cachant derrière de fausses personnalités. Jetons le masque, le trac est vaincu ! » (Bruno de Panafieu.)

Toutes ces approches, utiles et fructueuses dans les cas bénins, se révèlent insuffisantes ou impuissantes lorsque le trac est profondément enraciné dans l'être. Il faut alors prendre la décision, difficile, de plonger dans un véritable travail de développement personnel, de s'engager dans une psychothérapie :

« Jusqu'à il y a trois ans environ, je n'avais pas réellement de moyens de lutte contre le trac. J'étais " fuite " devant toutes les situations pouvant provoquer ces éboulements intérieurs. Mais, mécontente, j'ai décidé de changer. J'ai tenté l'antigymnastique, l'expression théâtrale (un peu plus efficace, mais encore trop extérieure). Maintenant, avec le travail sur la respiration, le Rebirth, l'affrontement est plus violent, la conscience plus vive et le dépassement de la fuite plus radical. Cette fuite pointe toujours, comme une tentation, mais j'ai un peu plus confiance, tout en sachant que le travail n'est pas achevé. »

Le travail de développement personnel et les psychothérapies

Les causes du trac remontent aux origines, à la petite enfance, à la naissance (voire au-delà, selon certaines théories), même si ses manifestations apparaissent plus tardivement, lorsque les circonstances font surgir les peurs soigneusement évitées ou refoulées jusque-là.

« *Dénouer le passé dans le présent, libérant ainsi l'avenir* [1] », tel est l'objectif de tout travail sur soi, de toute thérapie. La visée commune, c'est plus de confiance en soi, la conquête de l'autonomie, devenir soi-même, ou un peu plus soi-même, se libérer des angoisses et des peurs, de l'emprise contraignante du jugement des autres, présents, passés ou à venir, l'élargissement des possibilités d'action et de contact.

Il existe de nombreuses formes de psychothérapie (avec leurs variantes, on en a dénombré plus de quatre mille aux Etats-Unis). Chacune a ses méthodes. Le courant analytique privilégie le passé, l'anamnèse, la recherche des causes, à tra-

1. *A Course in Miracles* (« Le Manuel des Miracles », Foundation for Inner Peace (non traduit en français).

vers la parole, l'association libre, le transfert ; la bioénergie la thérapie primale, le Rebirth remontent eux aussi aux sources, par le corps, le cri ou le souffle. La gestalt-thérapie, l'analyse transactionnelle, la programmation neurolinguistique, sans ignorer le passé, travaillent davantage au niveau du présent, sur l'ici et maintenant. La psychosynthèse, le rêve éveillé dirigé, les techniques de visualisation s'orientent plutôt vers l'avenir.

Les comportementalistes, court-circuitant l'inconscient, travaillent sur les symptômes, et les causalistes cherchent une cause à chaque cause...

Ainsi s'affrontent les courants et les tendances.

Mais ces querelles d'écoles, ou de personnes, qui portent essentiellement sur les techniques et les moyens, s'estompent et s'évanouissent dès que l'on considère les objectifs, et la réconciliation pourrait bien s'opérer autour de la formule déjà citée :

Dénouer le passé dans le présent, libérant ainsi l'avenir.

Il convient maintenant d'examiner comment ces diverses thérapies se comportent vis-à-vis du trac, et quelle est leur efficacité spécifique.

Remarque préliminaire : les études menées sur les causes de succès ou d'échec des thérapies montrent que les facteurs les plus importants sont, dans l'ordre : 1. le niveau d'implication du « client » ; 2. la personnalité du thérapeute, et le lien de confiance qui s'établit entre son client et lui ; 3. la technique utilisée... Et ajoutons que, dans la pratique, la rigueur des positions doctrinales s'infléchit, et les frontières se franchissent assez aisément. Les psychothérapeutes dans l'exercice de leurs fonctions se ressemblent plus que leurs écrits ne le laisseraient supposer. Des analystes de pure orthodoxie s'aventurent du côté du Rebirth, tandis que des bioénergéticiens délaissent le matelas pour le divan.

Conclusion pratique : avant d'entreprendre une thérapie, rencontrez plusieurs thérapeutes en entretien préalable, demandez-leur de vous expliquer leur façon de travailler, et fiez-vous à votre intuition. Ces séances, au cours desquelles vous serez fatalement amené à parler de vous, amorcent en outre le processus de guérison du trac…

La deuxième question que se posent les traqueurs lorsqu'ils ont décidé de se remettre sérieusement en question (la première étant : psychanalyse ou « nouvelles thérapies » ?) porte sur le choix du travail en groupe ou en séances individuelles.

Le groupe à première vue semble plus indiqué : si l'on veut vraiment s'affranchir de la peur de se manifester en public, de prendre contact avec les autres, autant l'affronter là où elle est, c'est-à-dire dans un groupe. Choisir la sécurité, relative, de la séance individuelle serait alors se comporter comme cet homme qui cherchait sa clé à la lueur d'un réverbère, sous prétexte que, là, il y avait de la lumière, plutôt que dans le coin sombre où il savait l'avoir perdue.

Le groupe de thérapie, quelle que soit d'ailleurs la technique utilisée, constitue effectivement, par sa forme même, le lieu idéal où rencontrer son trac et l'apprivoiser, puis s'en défaire. La révélation, dès le premier tour de parole, que les autres, ces monstres redoutables (créés de toutes pièces par nos imaginations tremblantes…), subissent, pauvres brebis, les assauts du même mal, manifestent les mêmes symptômes, avouent les mêmes frayeurs, a des répercussions profondes et parfois immédiates. J'en veux pour preuve une jeune femme, l'une des personnes les plus timides que j'aie jamais rencontrées, enseignante (on imagine au prix de quelles angoisses), qui, après un entretien où je l'ai vue passer tour à tour d'une pâleur cadavérique au vermillon le plus intense, et où, malgré mes encouragements chaleureux, elle ne réussit à rompre d'interminables plages de silence que de loin en loin par de rares paroles bredouillées et à moitié inaudibles, décide, à ma surprise admirative, de participer à un prochain groupe de week-end. Lors du tour de piste initial, après que tous les autres ont parlé, elle prend sur elle de murmurer :

« je n'ai rien à dire », et plonge à nouveau dans son mutisme. Dont elle ne sortira qu'au moment du dernier tour, où chacun tire la conclusion de ce qu'il a vécu au cours du groupe. Elle prend la parole, non, elle s'empare de la parole, en premier, pour exprimer, à haute et intelligible voix, en nous regardant droit dans les yeux, ponctuant ses propos de gestes décidés, sa déception extrême : non, ce groupe, décidément, ne lui aura rien apporté. Comme quoi les changements de comportement les plus radicaux, et les plus spectaculaires pour les autres, peuvent dans un premier temps passer totalement inaperçus de ceux qui les manifestent. Tout n'était pas réglé pour autant. Elle en prit conscience et poursuivit dans les groupes suivants le travail amorcé de façon aussi abrupte.

Cela dit, pour certaines personnes, la confrontation, ou plutôt l'*idée* de la confrontation avec un groupe, suscite une telle terreur qu'il est de très loin préférable de commencer en séances individuelles.

D'autant plus que, si l'on considère les choses avec le recul suffisant, il s'agit toujours d'un travail sur *soi*, et donc, fondamentalement, d'un travail *solitaire*. Seules changent les circonstances *extérieures*, groupe ou séances individuelles, et leur importance est secondaire. Aucune thérapie ne prétend modifier la réalité, notre histoire ou les autres. Seule est remise en cause l'*attitude* par rapport à la réalité. Un pas de plus, il est vrai, et il apparaîtra que la réalité est fonction de l'attitude...

Trêve de métaphysique, et revenons à la réalité, pour le survol rapide d'un échantillonnage de quelques psychothérapies, dans leurs relations avec le trac, en évoquant simplement certains aspects théoriques — il faudrait des volumes pour démêler l'écheveau des explications sur l'angoisse existentielle, l'émergence de soi et de l'autre, les stades de la libido, le désir et les résistances, etc., selon les différentes doctrines — et en insistant davantage sur les applications pratiques.

La psychanalyse

L'objectif à long terme, parfois à très long terme, de l'analyse est de permettre à l'analysant de se constituer en tant que personne, en se libérant de ses conditionnements archaïques. Le trac disparaît du même coup. Cela dit, la forme du travail analytique (la position allongée, l'évitement du regard, le long cheminement du transfert, le primat accordé au contenu, etc.) ne fournit dans les premiers temps aucun instrument susceptible de contribuer à la lutte contre le trac.

L'analyse transactionnelle

L'analyse transactionnelle, ou A.T., est plus directement concernée par les problèmes de trac. A partir des modèles et des injonctions parentaux, nous avons élaboré, dès la petite enfance, un « scénario » de vie, et un système de jeux dans nos relations avec les autres. En simplifiant les choses à l'extrême, nous avons choisi d'être gagnant ou perdant, « *frog or prince* », crapaud ou prince La position de « prince » délivre du trac, celle de « crapaud » l'exacerbe. Selon l'A.T., le moi est constitué de trois instances : l'*enfant*, qui se subdivise en « enfant naturel et spontané », « enfant soumis » et « enfant rebelle » ; le *parent*, avec ses deux aspects de « parent nourricier » et de « parent autoritaire » (ce dernier assimilable au « surmoi » freudien) ; et l'*adulte*, objectif et raisonnable.

L'analyse des mécanismes inconscients qui ont présidé à l'élaboration du scénario de vie et le rééquilibrage des fonctions entre les différentes instances du moi — par exemple, dans le cas du trac, la mise au pas du « parent autoritaire » et de ses exigences de perfection — doivent permettre à la personne de s'affranchir des carcans anciens, de se fixer de nouveaux objectifs dans l'existence, plus conformes à ses besoins réels, et de mettre au point une stratégie plus efficace pour les atteindre.

Comme la simple connaissance des rouages cachés ne constitue pas toujours un facteur de changement suffisant, — « Je sais bien ce que je devrais faire, mais je n'arrive pas à me décider... » —, l'A.T. fait souvent appel aux instruments de techniques voisines, telles que la gestalt ou la bioénergie.

Certains néophytes, découvrant les grilles d'analyse de l'A.T., prennent un vif plaisir à expliquer aux autres les ressorts de leurs attitudes et de leurs façons d'être. Ils y puisent un sentiment de supériorité qui les rassure. Mais les autres en question réagissent généralement assez mal à ces tentatives d'interprétation, qu'ils ressentent comme une agression. D'où des chocs en retour qui viennent ébranler l'assurance nouvellement acquise de leur interlocuteur, et le trac refait son apparition.

Le travail en A.T. s'effectue le plus souvent en groupe, ce qui favorise, nous l'avons vu, l'apprivoisement du trac.

La bioénergie

Pour la bioénergie, développée en particulier aux Etats-Unis par le Dr Lowen à partir des théories et des travaux de Reich, les désirs, les émotions refoulés depuis l'enfance restent bloqués au niveau du corps sous forme de tensions et de blocages qui nous enserrent dans une « cuirasse caractérielle », qui interdit la libre circulation de l'énergie vitale.

Ce sont les mêmes symptômes qui se manifestent dans la paralysie du trac. La mobilisation du « corps émotionnel » par des postures, des pressions, des mouvements et des cris, permet simultanément l'expression des émotions, peur, colère, tristesse, amour et joie, et l'apprentissage de nouveaux comportements. Dans un groupe du docteur Jerôme Liss, l'un des premiers animateurs à introduire la bioénergie en France, une jeune femme, grise, terne, effacée, se tient à l'écart et passe pratiquement inaperçue des autres participants. Elle ose à peine prononcer un mot quand on lui donne la parole et sa voix est si étouffée qu'il faut tendre l'oreille pour l'entendre. Gênée de n'être pas entendue, et par crainte de déranger, elle parle à chaque fois d'une voix un peu plus faible : elle est prise dans une spirale d'incommunicabilité.

Pour renverser ce processus, Jérôme lui propose de s'adresser tour à tour à chacun des membres du groupe en disant : « Je m'appelle Denise et je veux qu'on entende ma voix », en haussant le ton d'un cran à chaque intervention. Ses interlocuteurs ont pour consigne de lui répondre au même niveau d'intensité sonore. A la fin du tour, sa voix a pris une force et une ampleur insoupçonnables ; sa taille s'est redressée ; elle est rose et elle sourit. Emplie d'une nouvelle assurance, elle ose enfin s'exprimer et rencontrer les autres. Elle dira plus tard que ce moment a marqué dans sa vie un changement radical, et que le trac et la timidité ont cessé de la persécuter.

Le primal

Entrer en contact avec le besoin, la détresse et la frustration du petit enfant et l'exprimer par le cri, voilà, en résumé, l'approche primale telle qu'elle a été créée par Arthur Janov. Ce travail intense, profond et très impliquant au niveau émotionnel vise, comme les autres thérapies, au déconditionnement de l'individu. Il est, dans cette mesure, susceptible à long terme d'avoir un effet bénéfique sur le trac.

Sous le nom de « Théâtre primal », Claude Berthoumieux a mis au point une technique qui combine la thérapie primale et un travail d'acteur. Il s'agit d'abord de repérer et d'identifier le nœud autour duquel nous avons forgé notre caractère et construit notre système de vie ; puis, de le mettre en scène comme un spectacle et de le jouer devant les autres participants du groupe. La distanciation propre au théâtre permet de dédramatiser la situation, et d'inventer de nouvelles solutions.

Le trac est combattu tant au niveau de ses causes archaïques que dans ses manifestations actuelles.

Le Rebirth

Il apparaît de plus en plus évident que la façon dont nous avons vécu notre naissance, l'expérience fondamentale de notre existence, le passage crucial, exerce une influence considérable sur notre être et sur notre comportement actuels. Le Rebirth (re-naissance), utilisant une technique respiratoire d'hyperventilation, permet de revivre cet instant décisif, et de dénouer les peurs qui se sont inscrites en nous dans ces circonstances, peurs ravivées et amplifiées par la suite.

Les théoriciens du Rebirth, en particulier Dominique Levadoux, dans son livre *Re-Naître* [1], ont confirmé et enrichi la problématique des quatre stades de la naissance, mise en évidence par Stan Groff, à travers ses travaux sur le L.S.D.

Il est possible de raccorder les manifestations classiques du trac à ces quatre stades.

Le premier stade correspond à la période intra-utérine. Il se caractérise par un sentiment de fusion, de bien-être, de confiance et de sécurité :

« La personne déclare n'avoir qu'une perception très floue de son corps. Des sentiments d'apesanteur, d'atemporalité, de fusion avec un milieu ouaté, protégé, aquatique

1. Ed. Stock.

dominent. La plupart du temps cette situation procure au sujet un calme, un plaisir béat et satisfait. » (Dominique Levadoux [1].)

C'est un état que l'on aimerait retrouver lorsqu'on se sent en difficulté, en danger, obligé d'affronter des tâches ou des épreuves périlleuses.

Les personnes, heureusement peu nombreuses, qui s'évanouissent de trac, cherchent, par ce moyen radical, à échapper à la dure réalité, pour retrouver l'heureuse période où elles n'avaient à porter aucune responsabilité, ni à prendre aucune initiative.

La deuxième phase se situe au moment où les contractions commencent, alors que le col de l'utérus n'est pas encore ouvert :

« C'est l'impasse, avec des sentiments d'impuissance, de désespérance et d'inutilité. La plupart du temps cet état s'accompagne de douleurs très vives dans tout le corps, de crampes, de sensations de resserrement, de douleurs dans les os, dans les articulations, et de paralysie. Les limites du corps sont notifiées par quelque chose qui comprime et entoure le corps, dans une sensation qui va du désagréable au douloureux. »

On reconnaît là les symptômes de blocage et de paralysie dont souffrent si souvent les traqueurs.

La libération se joue avec la troisième phase, celle de l'accouchement proprement dit, avec des sentiments de révolte et d'impatience, des émotions extrêmes, des alternances de plaisir et d'angoisse.

Dans le cas du trac, ce vécu correspond aux moments d'agitation fébrile, d'anxiété — les gesticulations désordonnées et les gémissements — qui précèdent l'entrée dans l'action.

Avec la quatrième phase vient la délivrance, pour l'enfant

1. *Ibid.*

comme pour la mère. Le passage effrayant et douloureux est franchi. L'autonomie est conquise ; le monde nous attend.

Il n'est pas étonnant, compte tenu des analogies profondes entre le processus de naissance et les situations de trac, que le Rebirth, thérapie des « passages » difficiles, de l'émergence, de la percée, donne si souvent des résultats positifs et très rapides.

Un exemple, parmi beaucoup d'autres : un professeur d'université, que le trac paralysait chaque fois qu'elle entrait dans l'amphithéâtre où elle donnait ses cours, s'aperçoit, après une seule séance de Rebirth, où le thème du trac n'avait d'ailleurs pas été abordé, avec une surprise égale à son soulagement, que toute crainte de s'exprimer devant un public avait complètement disparu. Elle n'est jamais réapparue.

Les thérapies de l'ici et maintenant

L'analyse, l'analyse transactionnelle, la bioénergie, le primal et le Rebirth cherchent dans le passé les causes des comportements actuels, pour les dénouer. Avec la gestalt, la sophrothérapie et la programmation neurolinguistique, l'accent est mis davantage sur le « comment », que sur le « pourquoi » : ces thérapies, sans nier, bien entendu, les origines archaïques de nos difficultés actuelles, s'efforcent de nous déconditionner et de nous reprogrammer dans l'ici et maintenant.

La gestalt

Selon la gestalt, ou, plus précisément, la gestalt-thérapie, nous sommes perpétuellement tiraillés entre des pulsions contradictoires, entre nos désirs réels et les interdits parentaux intériorisés. Comme les énergies mises en jeu de part et d'autre sont absolument semblables, nous nous retrouvons bloqués et paralysés, retombant sans cesse dans les mêmes « situations inachevées », incapables de savoir ce que nous voulons vraiment.

Le travail va consister, à partir des indications que notre corps nous donne en permanence sur notre état intérieur, à démêler cet écheveau embrouillé, à donner la parole à ces instances opposées de notre moi, à exprimer ouvertement ces conflits latents, pour nous en libérer. Il arrive par exemple que nous disions « oui », tout en faisant un mouvement de dénégation de la tête. En prenant conscience de cette double expression contradictoire, en exagérant tour à tour leurs manifestations, nous sentirons laquelle des deux correspond à notre désir véritable. Et nous l'assumerons.

Dans les situations de trac, ces conflits inconscients s'exacerbent de la présence des autres devant lesquels il va falloir se montrer. La pratique du *hot seat* (siège brûlant), mise au point par Fritz Perls, créateur de la gestalt-thérapie, met le participant en position de trac idéale. Il y prend place, devant le groupe, au moment où il se sent prêt à tenter d'éclaircir, avec l'aide de l'animateur, le conflit qui le bloque et qui limite ses possibilités d'action dans la vie quotidienne.

La programmation neurolinguistique

Voici un merveilleux exemple de la façon dont Milton Erickson, ancêtre et modèle de référence de la programmation neurolinguistique, ou P.N.L., a guéri en l'espace de quelques séances une jeune femme que sa timidité et son trac, pathologiques, avaient conduit au bord du suicide :

« Une jeune fille de vingt et un ans vient demander de l'aide à Erickson. Elle a envie de se marier, de fonder un foyer et d'avoir des enfants, mais elle n'a jamais eu d'ami, elle sent que son cas est désespéré et qu'elle finira vieille fille :

« “ Je suis trop inférieure pour mériter de vivre. Je n'ai pas d'amis, je vis dans la solitude, je suis trop moche pour me marier. J'ai pensé voir un psychiatre avant de me suicider. Je vais faire un essai de trois mois avec vous. Si la situation n'est pas éclaircie d'ici là, je me supprime. ”

« Dans l'entreprise de construction où elle travaillait en tant que secrétaire, un jeune homme s'arrangeait pour venir boire à la fontaine chaque fois qu'elle y allait. Il lui faisait des avances ; elle le trouvait sympathique, mais elle l'ignorait et ne lui adressait jamais la parole. Elle était jolie, mais s'enlaidissait à plaisir avec ses cheveux mal coupés et jamais peignés, ses vêtements mal assortis et troués, ses souliers crottés et fatigués. Selon ses dires, son principal défaut physique était l'écartement de ses dents de devant. Elle les cachait d'ailleurs toujours en parlant. En fait l'écartement était de trois ou quatre millimètres, et ne nuisait en rien à son apparence.

« Erickson aborda le problème de la façon suivante : il proposa à la jeune fille, puisqu'elle était en tout cas décidée à mettre fin à ses jours, de terminer en beauté. Elle devra retirer tout son argent de la banque et l'utiliser pour elle-même, d'abord en s'achetant de nouveaux vêtements dans tel magasin où la vendeuse saurait la conseiller, puis en se rendant chez un bon coiffeur. La jeune fille accepta cette proposition pour autant qu'il ne s'agissait pas de s' “ améliorer ” (elle jugeait l'entreprise impossible), mais simplement de se payer un peu de bon temps avant sa mort.

« Puis Erickson lui confia une tâche à accomplir : elle devrait s'entraîner, dans l'intimité de sa salle de bains, à cracher de l'eau entre ses dents jusqu'à ce qu'elle soit capable de toucher une cible à deux mètres avec précision. Elle trouva cela complètement idiot, mais c'est justement l'absurdité de la chose qui l'amena à faire très consciencieusement cet apprentissage.

« Lorsque la jeune fille fut habillée convenablement, plaisante à regarder, et habile à cracher de l'eau entre ses dents, Erickson lui suggéra de faire une farce au jeune homme la prochaine fois qu'il serait à la fontaine en même temps qu'elle : elle devrait lui cracher une giclée d'eau à la figure, puis se sauver en courant ; plus précisément, elle devrait commencer à courir vers lui, puis se retourner et filer comme une fusée dans le couloir.

« Elle commença par repousser fermement cette idée, qu'elle trouvait d'une grande grossièreté, quoique peut-être assez amusante... Finalement, elle se décida à tenter l'expérience. Qu'est-ce qu'elle risquait après tout ?

« Le lundi suivant elle se rend à la fontaine ; le jeune homme la rejoint ; elle crache son jet d'eau ; le jeune homme la traite de " petite putain " ; elle rit et se sauve en courant ; le jeune homme la rattrape, et, à sa grande consternation, l'embrasse.

« Le lendemain, elle s'approche à nouveau de la fontaine, avec une certaine appréhension ; le jeune homme surgit de derrière une cabine téléphonique et l'asperge avec un pistolet à eau.

« Deux jours après, il l'invite à dîner [1]... »

La suite se devine aisément : ils s'épousèrent, etc.

Bandler et Grinder ont créé la P.N.L., vers 1970, aux Etats-Unis, en formalisant dans un système opérationnel cohérent, à la fois très simple et très subtil, les techniques, les approches, les modes d'intervention et les « tours de main » des grands magiciens de la psychothérapie tels que Fritz Perls ou Milton Erickson.

La P.N.L. cherche à cerner la structure de l'expérience subjective, qui génère notre comportement, puis à remodeler, à reprogrammer cette structure, pour permettre à chacun

1. Jay Haley, *Uncommon Therapy, the Psychiatric techniques of Milton H. Erickson, M.D.*, W.W. Norton and Co., New York.

de se débarrasser de comportements gênants ou inadéquats, et d'atteindre de nouveaux objectifs.

Le trac, par exemple, est lié à notre expérience du monde et aux projections que nous faisons sur l'avenir à partir de notre structure. Le résultat se conforme à nos prévisions et ancre de façon négative nos craintes à venir. En remplaçant ces ancrages négatifs par des ancrages positifs, grâce à des techniques de visualisation, souvent renforcées par l'hypnose, nous « reprogrammons » notre passé et abordons le futur avec confiance.

La *sophrothérapie* fonctionne selon des schémas voisins, tout en privilégiant la dimension de l'avenir.

Dans le cas du trac, partant des localisations de la peur et de l'angoisse dans notre corps, elle utilise des techniques de neutralisation et de défocalisation, de telle sorte que la personne prenne du recul par rapport à ses expériences, et voie la réalité actuelle débarrassée des voiles du passé.

Le docteur Davrou cite le cas d'un homme très perturbé par des problèmes conjugaux, qui doit présenter à un comité de décisionnaires un programme mettant en jeu le travail d'une équipe pendant plusieurs années. Il est paralysé à l'avance par le trac. Quelques séances de sophrothérapie utilisant des techniques de « futurisation » lui permettent de voir le succès de sa démarche et l'essor de son entreprise, puis de revenir à la situation présente :

« J'étais tellement convaincu moi-même qu'il ne m'a pas fallu dix minutes pour convaincre le Comité. Ils m'ont laissé carte blanche. »

La voie abrupte

Les différentes thérapies que nous avons évoquées, très brièvement, exerçant leur action au niveau des causes ou des manifestations, procèdent à des aménagements qui nous soulagent, ici, du trac, et nous aident à vivre plus pleinement.

Pour les âmes fortement trempées, désireuses de se réaliser dans leur vraie nature, s'ouvre une autre voie, plus spirituelle que thérapeutique, la voie abrupte.

De nombreux exemples nous ont montré que le remède ultime contre le trac, et, plus généralement, la peur, était de devenir soi-même, c'est-à-dire de se libérer du poids de l'opinion et du jugement des autres. Aussi bien des autres réellement présents devant lesquels nous allons devoir nous manifester, que, surtout, des autres imaginaires et fantasmatiques, issus de notre lointain passé, dont nous avons intériorisé les désirs, les craintes et les critiques, sous forme de tensions, de blocages et d'interdits. Ces autres nous voilant, par les mécanismes de la projection, les autres véritables, dans leur réalité.

Les séminaires intensifs vers l'illumination (*Enlightenment Intensives*), créés par Charles Berner aux Etats-Unis, en 1968, constituent probablement l'une des approches les plus directes et les plus efficaces pour faire l'expérience de sa vérité, pour devenir soi-même. Et l'enjeu est d'importance car :

« Si vous ignorez qui vous êtes, qui donc est en train de vivre votre vie à votre place ? »

Il va s'agir, simplement (mais est-ce bien simple ?), de se présenter aux autres dans sa vérité. Le fil conducteur est la question « Qui suis-je ? », sur laquelle les participants vont concentrer toute leur attention et toute leur énergie au cours des douze sessions quotidiennes de communication à deux, en face à face, et cela pendant trois, quatre, cinq ou quinze jours. La consigne est « d'exprimer aussi ouvertement que possible tout ce qui surgit au moment où l'on décide de faire l'expérience d'entrer en contact direct avec soi-même ».

Les participants devront franchir les multiples barrières de l'ennui, de la fatigue, du sommeil, des douleurs physiques, de la colère, du vide, affronter des émotions qui secouent l'être tout entier, avant de déboucher sur l'expérience directe de qui ils sont, avant de devenir eux-mêmes.

La réponse, l'illumination, surgit comme une évidence absolue. Mieux qu'une réponse, un changement d'état :

« J'ai envie de dire que je voudrais danser, que j'ai envie de chanter. Je le dis d'ailleurs. On ne me reconnaît plus ! Je sais que j'ai changé. Je le sens. Lorsque je me regarde, c'est bien moi que je vois. Peut-être pas comme j'aimerais être, mais c'est bien moi quand même. Cela ne fait plus aucun doute. Le nom, le prénom, ce sont les miens. Le corps, c'est le mien. Je les trouve même beaux ; je crois que j'en suis fière. Je suis là, bien solide, et rien ne peut me faire chuter. Je me sens plus riche, plus capable aussi. Maintenant je peux. J'ai envie de découvrir, de rencontrer, de vivre, au lieu de m'imaginer en train de vivre. Depuis le séminaire, je ne prends plus aucun médicament. Je me fais confiance. Je veux décider moi-même de mon sort, et ne plus dépendre d'un comprimé. Je désire être autonome. »

Les effets d'une telle expérience retentissent bien entendu au niveau du trac. Une jeune femme, très timide jusqu'alors, doit faire, en anglais, une conférence de deux heures devant quatre cents personnes. Elle n'a jamais parlé en public. Forte de sa réponse, parfaitement elle-même, totalement naturelle, elle aborde cette épreuve, qui l'aurait terrorisée naguère, sans l'ombre d'une appréhension, soucieuse avant tout de communiquer aux spectateurs ce qu'elle sait et ce qu'elle sent ; avec un tel succès d'ailleurs que le public lui demande de prolonger son exposé bien au-delà du temps imparti.

L'un des enseignements majeurs de ces séminaires, c'est que les autres, dans leur essence, ne sont pas différents de nous. Un participant raconte un rêve à ce sujet :

« Je me souviens d'avoir rêvé que j'assistais en témoin à une discussion acharnée entre les doigts de ma main gauche.

Ils avaient des petits visages très expressifs, sous de petits bonnets pointus, et ils se querellaient avec beaucoup d'agressivité, chacun prétendant être le seul à détenir la vérité. Je ressentais un amusement attendri parce que je voyais bien qu'ils appartenaient à la même main, et qu'une même vie les animait. »

La rencontre avec soi-même débouche sur la rencontre vraie avec les autres. Dès cet instant il n'y a plus de peur, ni, bien entendu, de trac. Simplement la confiance et l'amour.

Tout dire

Le trac est lié au *secret* :

« Je ne suis pas celui que je parais. Je peux paraître autrement que je suis. »

Il disparaît dans la transparence. Si l'on est capable de tout dire, les peurs s'effacent avec les fantasmes.

La démarche thérapeutique rejoint le précepte d'un maître soufi :

« Ne dis pas ce que tu peux dire. »

Qui, inversé, donne :

« Dis ce que tu ne peux pas dire. »

La règle de toute morale pourrait bien être :

« Ne fais rien que tu ne puisses dire, à tous... »

CONCLUSION

Le trac n'est pas une maladie, mais un « désordre émotionnel » dont les manifestations peuvent être, selon les circonstances et les personnes, légères, douloureuses ou désastreuses.

Le trac est tissé dans l'étoffe même de notre vie. Le reconnaître, l'apprivoiser, c'est aussi se développer et s'enrichir. Il fait office de stimulant et d'éveilleur. La pire solution, quand on rencontre le trac, c'est l'évitement, le retrait, la fuite, l'abandon de poste... Plus grand-chose ne se passera dans votre vie si vous évitez la confrontation avec le trac.

Une deuxième solution, qui ne vaut guère mieux, consiste à faire comme s'il n'existait pas, à le nier, à foncer dans le tas, au mépris de soi-même et des autres. Les conflits émotionnels non résolus, dont le trac est l'indicateur et la manifestation, s'enfouiront au niveau somatique, où ils exerceront leurs ravages, ulcères, hypertension, cancer, etc.

La majorité, heureusement, s'efforce d'apprivoiser le trac, de l'utiliser comme un baromètre ou un éperon. Ils finissent par vivre en bonne compagnie avec lui : « Le trac avec le temps est devenu un vieil ami. »

Pour ceux, enfin, épris de liberté et d'absolu, ou chez qui le trac déclenche des angoisses insupportables, la route à suivre est d'aller voir profondément et attentivement ce qui se cache derrière le trac, en parcourant toutes les étapes qui conduisent de la peur à l'amour.

TABLE DES MATIÈRES

Achevé d'imprimer le 12 mars 1985 sur les presses
de l'Imprimerie Carlo Descamps à Condé-sur-l'Escaut 59163 France
Dépôt légal : mars 1985 - N° d'édition : L 265 - N° d'imprimeur : 3699